**PARA ENTENDER A
ECONOMIA BRASILEIRA:**
AS QUESTÕES EM SEU
DEVIDO LUGAR

ROSA MARIA MARQUES
MARCEL GUEDES LEITE
MARCELO ÁLVARES DE LIMA DEPIERI
ANDRÉ PAIVA RAMOS

PARA ENTENDER A ECONOMIA BRASILEIRA:
AS QUESTÕES EM SEU DEVIDO LUGAR

1ª edição

Expressão Popular

São Paulo – 2024

Copyright © desta edição: 2024, Editora Expressão Popular
Copyright © 2024, Rosa Maria Marques, Marcel Guedes Leite, Marcelo
Álvares de Lima Depieri, André Paiva Ramos

Produção editorial: Miguel Yoshida
Preparação de texto: Mariana Correia Santos
Revisão: Letícia Bergamini Souto
Projeto gráfico e diagramação: Zap Design/Mariana Vieira
Capa: Rafael Stédile
Impressão e acabamento: Gráfica Paym

Dados Internacionais de Catalogação-na-Publicação (CIP)

P222	Para entender a economia brasileira: as questões em seu devido lugar / Rosa Maria Marques...[et al.]. --1. ed.— São Paulo : Expressão Popular, 2024. 120 p. : il. grafs, tabs.
	ISBN 978-65-5891-140-1 Vários autores.
	1. Economia – Brasil. 2. Economia brasileira. I. Marques, Maria Rosa. II. Título.
	CDU 33(81) CDD 330.81

Bibliotecária: Eliane M. S. Jovanovich CRB 9/1250

O presente trabalho foi realizado com apoio da Coordenação de Aperfeiçoamento de Pessoal de Nível Superior - Brasil (CAPES) - Código de Financiamento 001

Todos os direitos reservados.
Nenhuma parte deste livro pode ser utilizada ou reproduzida sem a autorização da editora.

1ª reimpressão: junho de 2025

EDITORA EXPRESSÃO POPULAR
Alameda Nothmann, 806
CEP 01216-001 – Campos Elíseos, São Paulo, SP
atendimento@expressaopopular.com.br
www.expressaopopular.com.br

◼ ed.expressaopopular
◎ editoraexpressaopopular

Sumário

Apresentação 7

1. É a crise! 9

2. Inflação, o que é isso? 21

3. As contas públicas no centro do debate 31

4. A taxa de juros no Brasil 43

5. O mercado de trabalho sob ataque 55

6. Desigualdade, justiça social e crescimento 65

7. O papel indutor do Estado na economia 75

8. A urgência de reindustrializar o país 83

9. Uma Previdência Social para todos 93

10. Financiamento insuficiente do SUS:
a universalidade e a qualidade sob ameaça 105

Referências 115

Sobre os autores 120

Apresentação

Este é um livro sobre economia que se diferencia da maioria dos que estão à disposição nas livrarias e que são adotados nos diversos cursos ministrados no país. Duas são as bases dessa diferença. De um lado, sua linguagem é acessível, possibilitando que pessoas em geral – não economistas e membros de movimentos sociais, sindicatos, associações e partidos – possam entender e desvendar o que está por trás das discussões econômicas aparentemente neutras travadas no país e divulgadas pela grande mídia, de modo que tenham repertório para refletir sobre questões e problemas econômicos que afetam a vida cotidiana e definem o nosso futuro. De outro, a obra chama a atenção para alguns desafios postos ao Brasil no enfrentamento da extrema desigualdade socioeconômica e no fortalecimento de sua soberania no quadro internacional, iniciando um processo de rompimento com a condição de país dependente.

Dos temas econômicos hoje em debate, cinco foram escolhidos para compor a primeira parte deste livro: 1) a crise – assunto nunca ausente dos meios de comunicação e das redes sociais; 2) a inflação, palavra tão falada na saída da pandemia de covid-19 e que tanto assolou o país durante os anos 1980 e parte inicial dos 1990; 3) a situação das contas públicas – alçada ao centro do debate, pois é considerada a causa de todos os malefícios pelo pensamento neoliberal e pela grande mídia nacional; 4) a taxa de juros – considerada por alguns o remédio para a diminuição da inflação; e 5) o mercado de trabalho, dado que vivemos num país onde a maioria dos trabalhadores está em situação de informalidade e a precarização avança.

A segunda parte do livro aborda questões que constituem verdadeiros desafios nacionais: a necessidade de retorno do crescimento econômico, atrelado à superação da extrema desigualdade econômica e a promoção da justiça social; a urgência da recuperação do papel do Estado como um indutor da economia, constituindo não um retorno ao passado, mas uma condição para desenhar um futuro de rompimento com a eterna dependência da divisão de trabalho capitalista; o entendimento de que a reindustrialização constitui uma questão chave ao enfrentamento dessa dependência, de maneira que se possa modernizar o país e garantir a manutenção de sua soberania em momentos críticos, como o foi a pandemia de covid-19.

Por último, são abordados dois temas do campo social: a necessidade de se pensar uma proteção à velhice (aposentadoria) para todos e de se garantir que o Sistema Único de Saúde (SUS) cumpra a contento sua missão, isto é, prover ações e serviços de saúde de qualidade ao conjunto da população brasileira.

Desejamos a todos boa leitura e boas discussões.

Os autores

1. É a crise!

Ao longo de nossas vidas, não foram poucas as vezes em que ouvimos essa frase! Os mais jovens a localizam nos últimos anos, pelo menos desde 2014. Os mais velhos a associam a vários momentos da história nacional. O fato é que, exceto por alguns anos, ela está sempre presente e já se tornou um bordão, não só na boca de jornalistas e articulistas que adentram nossas casas via televisão, rádio e celular (dado que a internet possibilita o acesso a todas as formas de mídia hoje existentes), como também na boca da população em referência à situação da economia brasileira e aos seus desdobramentos nas atividades de manutenção e reprodução da vida cotidiana. Sozinha ou acompanhada de adjetivos como "econômica", "política", "mundial", "das *commodities*", "do petróleo", entre outros, a *crise* faz parte de nossa vida e parece não ter hora para ir embora.

Quase sempre, os principais veículos de comunicação atribuem a razão da crise à "gastança" do Estado, isto é, à despreocupação do governante em provocar déficits orçamentários que, ao persistirem, aumentam a dívida pública e ameaçam a credibilidade do país junto ao famoso "mercado". Mas, para além dos eventuais humores da entidade abstrata chamada "mercado" – que, de fato, nada mais é do que o setor financeiro local e internacional –, como a crise é vivenciada pela população em geral?

Os trabalhadores, a classe média e a crise

Para a maioria da população brasileira, estamos em crise quando o desemprego aumenta, de modo que se torna difícil conseguir uma recolocação ou mesmo manter a atual; quando o valor do salário ou do rendimento começa a cair, isto é, quando há perda do poder aquisitivo porque o preço do aluguel, do transporte e do que consumimos normalmente aumenta, ou porque os salários oferecidos são menores do que antes do aumento do desemprego. Em outras palavras, a crise é associada à ausência das condições que, sob o capitalismo, possibilitam que os não proprietários consigam se manter mediante o exercício do trabalho assalariado ou de outras formas de trabalho. Se há emprego e se o salário viabiliza a vida neste sistema econômico, não há crise.

No Brasil, muito recentemente pudemos observar outra forma de sentir "a crise". Os fatos ocorreram durante os dois primeiros governos de Luiz Inácio Lula da Silva e o primeiro governo de Dilma Rousseff. Parte da chamada classe média, embora sua maioria seja assalariada, considerava-se empobrecida não porque seu rendimento houvesse caído ou perdido valor, mas porque: a) o rendimento da população pobre e muito pobre havia melhorado graças ao programa Bolsa Família; b) houve a recuperação do salário-mínimo em 74%; c) os salários dos trabalhadores situados na base da pirâmide socioeconômica tinham aumentado e por isso, entre outros motivos, houve facilitação de seu acesso ao crédito. Enfim, o fato de a classe média se sentir mais empobrecida derivava de que "os outros" estavam mais próximos dela em termos de consumo e, portanto, do uso do espaço até então considerado como de exclusividade dela. Está preservado para sempre na internet e em nossa memória a indignação de uma professora da PUC-RJ contra o traje "de pobre" usado por outro passageiro durante uma viagem de avião. Outro exemplo é o posicionamento de médicos brasileiros em relação aos profissionais cubanos que chegaram ao país com auxílio do programa Mais Médicos: embora se negassem a ocupar as vagas disponíveis no interior do país e em locais de difícil acesso, repudiavam a presença e atuação dos profissionais cubanos, recebendo-os em aeroportos com palavras e expressões impublicáveis. No imaginário desses médicos, para exercerem a profissão seria necessário ter a pele branca e cabelos e olhos claros, características associadas à "classe bem situada" em termos de renda e situação socioeconômica. São incontáveis as situações semelhantes a essas que ocorreram, tendo como pano de fundo o sentimento de perda de privilégios ou de lugar na sociedade brasileira.

É claro que, para os trabalhadores assalariados – condição compartilhada pela imensa maioria da chamada classe média –, a perda do emprego ou a redução de seu rendimento são elementos suficientes para considerarem que a economia nacional esteja em crise; nisso, a classe média não difere dos trabalhadores dos estratos inferiores de rendimento. Em momentos de grande recessão, quando o Produto Interno Bruto (PIB) recua fortemente e as demissões se generalizam, os integrantes da classe média são confrontados com a realidade concreta: eles dependem do vínculo salarial para viabilizar as despesas necessárias para si e suas famílias. O que os diferencia é o apego aparentemente "sem sentido" ao lugar que detêm na escala estratificada da renda dos trabalhadores e, especialmente, à diferença mantida com relação aos que recebem rendimentos mais baixos. A explicação para esse tipo de sentimento não está no campo da economia, e sim nos da sociologia e da psicologia das massas. Tal comportamento observado na classe média brasileira não é restrito a ela, embora em sociedades menos desiguais, nas quais a solidariedade e a coletividade não são palavras vãs, mas fundamentam fortemente políticas públicas, isso seja difícil de ser observado. Dito de outra maneira, esse comportamento, reproduzido cotidianamente, expressa o grau de introjeção e de aceitação da extrema desigualdade econômica em nossa sociedade e em outras como ela.

Já para os trabalhadores de renda mais baixa, a crise se manifesta quando lhes falta rendimento para acessar bens e serviços necessários à sua sobrevivência, criando situações de vulnerabilidade alimentar e de todos os tipos. Portanto, há diferenças significativas entre crise econômica efetiva e sensação de crise econômica.

A supremacia do PIB como indicador da crise

Nos veículos de comunicação da grande mídia, nos comunicados e relatórios de instituições internacionais – como o Fundo Monetário Internacional (FMI), o Banco Mundial (BM), a Organização Internacional do Trabalho (OIT), a Organização para a Cooperação e o Desenvolvimento Econômico (OCDE), entre outras –, nos comentários de jornalistas dedicados à pauta da economia e, inclusive, nas análises realizadas pela maioria dos economistas, o desempenho do PIB é considerado o principal indicador de crise. Tanto é assim que, se dois trimestres seguidos registrarem queda do PIB (medido em relação ao trimestre anterior), se passa a considerar que a economia entrou numa "recessão técnica", situação que pode se alterar ao longo do ano.

A recessão, propriamente dita, ocorre quando o PIB atual cai em relação ao do ano anterior, como aconteceu em alguns poucos anos da história do Brasil: o PIB brasileiro se retraiu em nove vezes nos últimos 80 anos. Entre esses, destacamos os anos 1981 (-4,25%, encerrando o longo período de crescimento econômico da ditadura militar, quando a economia cresceu em média quase 9% ao ano, entre 1970 e 1980); 1983 (-2,93%); 1990 (-4,35%); 2015 (-3,55%); 2016 (-3,28%), e 2020 (-3,28%, no primeiro ano da pandemia de covid-19).

Nos outros três anos em que houve queda do PIB, ela foi inferior a 0,5%. Destacam-se os anos 2015 e 2016, associados ao segundo governo de Dilma Rousseff, quando, além da adoção de uma política econômica de corte de gastos do governo federal, iniciada logo após a reeleição da presidenta, a demanda por *commodities* no plano internacional diminuiu sensivelmente e o governo se viu praticamente paralisado em função da grave crise política que se instalou, o que desembocou no *impeachment* de Rousseff, considerado pelos setores progressistas como um verdadeiro golpe. É claro que quedas do PIB dessa magnitude são acompanhadas por aumento significativo do desemprego e pelo encerramento de atividades econômicas, especialmente daquelas desenvolvidas por pequenas e médias empresas.

O Gráfico 1.1 mostra a variação do PIB em relação ao ano anterior para o período de 2003 a 2022 no Brasil. Nessa variação, também é registrada a média de crescimento nos anos entre 2003 e 2014, e nos anos entre 2015 e 2022. É nítido que o desempenho do PIB tem sido cada vez menor ao longo dos anos, tornando-se quase nulo na média de 2015 a 2022. Esse último resultado foi fortemente influenciado pela recessão ocorrida no segundo governo de Dilma Rousseff, nos primeiros oito meses do governo Michel Temer e durante a pandemia de covid-19, no governo de Jair Bolsonaro. Mas mesmo quando o desempenho foi positivo em alguns anos, como em 2017 (1,32%), 2018 (1,78%) e 2019 (1,22%), ele foi pífio quando comparado ao crescimento mundial (3,4%; 3,3% e 2,6%, respectivamente).

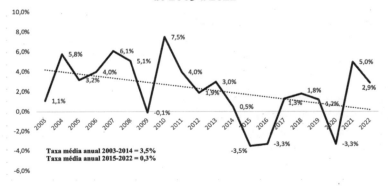

Gráfico 1.1 – Brasil: Taxa de crescimento do PIB (%), de 2003 a 2022

Fonte: IBGE, Contas Nacionais.

Em relação ao crescimento estimado da população brasileira no período, a expansão do PIB foi levemente superior (0,77%; 0,82%; e 0,79%, respectivamente). Se tomamos o ano de 2017 como exemplo, para um aumento de 0,77% da população, houve crescimento do PIB de 1,32%, de modo que esse último foi superior à expansão populacional em somente 0,55% (meio ponto percentual), o que é quase nada.

Esse gráfico também nos permite chegar a outras conclusões. A primeira delas é que a expansão do PIB ocorre em ritmo cada vez menor. Se durante os dois primeiros governos Lula e o primeiro de Dilma Rousseff houve uma expansão de 3,5% em média, a partir de 2015 esse desempenho foi praticamente nulo: de 0,3% em média. É claro que o caso desse último período se deve à recessão econômica de 2015 e 2016, provocada pela política de austeridade então adotada, pelos impactos econômicos da operação Lava Jato, pela retração da economia mundial especialmente em relação à demanda de *commodities*, mas também pela crise política que se instalou, que, na avaliação de alguns, teria levado à paralisação do governo. Esse período foi ainda influenciado pela pandemia de covid-19, provocando queda do PIB de 3,28% em 2020. Desse modo, a expansão ocorrida em 2021 implicou somente a recuperação do nível de atividade de 2019.

A importância do investimento

Em geral, as análises que centram seu acompanhamento na evolução do PIB são completadas com informações relativas ao investimento produtivo. De fato, a evolução desse investimento é um indicador importante, pois ele é o elemento-chave que vincula o presente ao futuro. De todos os componentes que os economistas chamam de Demanda Agregada (Gasto do Governo + Investimento + Consumo + Exportação – Importação), é o investimento o componente mais importante, dado que propicia aumento da capacidade produtiva do país e tem impacto sobre as gerações presentes e futuras.

No Brasil, o investimento vem caindo nas últimas décadas, situando-se em 16,6% do PIB em 2020, nível igual ao de 2003, quando Lula assumiu pela primeira vez a presidência da República. Isso se deve não só à retração do investimento privado, mas também do público. Se for excluída a construção civil de residências, isto é, considerando-se apenas o investimento em máquinas, equipamentos, instalações e infraestrutura, esse percentual fica ainda menor, de apenas 13,3%. Nas Contas Nacionais – sistema que compreende as informações sobre geração, distribuição e uso da renda no país, acumulação de ativos não financeiros e relações entre a economia nacional e o resto do mundo, tarefa que está sob responsabilidade do Instituto Brasileiro de Geografia e Estatística (IBGE) –, o investimento é chamado de Formação Bruta do Capital Fixo (FBCF).

Nos anos 2000, o maior registro de investimento produtivo ocorreu entre 2010 e 2014, anos em que foi forte a participação do Estado para a formação desse componente (Gráfico 1.2).

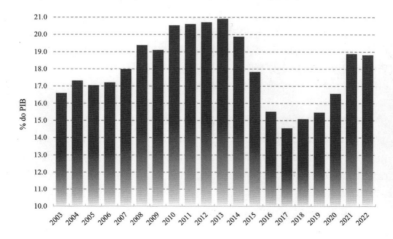

Gráfico 1.2 – Brasil: Evolução da FBCF como % do PIB, de 2003 a 2022

Fonte: IBGE, Contas Nacionais. Elaboração própria.

O Gráfico 1.3 apresenta a evolução do investimento público de 1947 a 2021. Nele, destaca-se o nível alcançado pelo investimento público nos períodos do "milagre econômico" e do II PND e, mais recentemente, no final do segundo mandato de Lula e no início do primeiro governo de Dilma Rousseff.

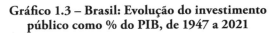

Gráfico 1.3 – Brasil: Evolução do investimento público como % do PIB, de 1947 a 2021

Fonte: IBGE, Contas Nacionais e Pires (2022).
Elaboração própria.

A queda do investimento como proporção do PIB é um dos principais indicadores da desindustrialização do país, embora não seja o único. O tema da desindustrialização e sua superação é objeto de análise do oitavo capítulo deste livro.

A taxa de lucro e a riqueza financeira

Embora as evoluções do PIB e do investimento sejam importantes e devam ser acompanhadas, esses indicadores são, de fato, resultados de decisões que têm como fundamento o lucro, base sobre o qual o sistema em que vivemos é estruturado. No capitalismo, a decisão de investir na produção de mercadorias tem como propósito a obtenção de lucro, isto é, a agregação de mais valor ao capital inicial. Por isso, é importante darmos uma olhada no que alguns economistas dizem sobre o comportamento da taxa de lucro nas últimas décadas.

Michael Roberts, por exemplo, há muito vem acompanhando a evolução da taxa de lucro. O Gráfico 1.4, resultado de suas pesquisas, mostra a evolução da taxa de lucro para os países do G20 (grupo formado pelos ministros de finanças e chefes dos bancos centrais das 19 maiores economias do mundo, além da União Europeia) de 1950 a 2019. Nesse gráfico, fica evidente que os níveis da taxa de lucro estão bastante baixos atualmente, muito aquém dos praticados nos anos 1950 e parte dos anos 1960. O período de vigência das políticas neoliberais, comandadas pelas finanças, apresenta taxas de lucro medíocres quando comparado aos níveis obtidos nos anos que se seguiram ao fim da Segunda Guerra Mundial.

Gráfico 1.4 – Evolução da taxa de lucro do G20, de 1950 a 2019

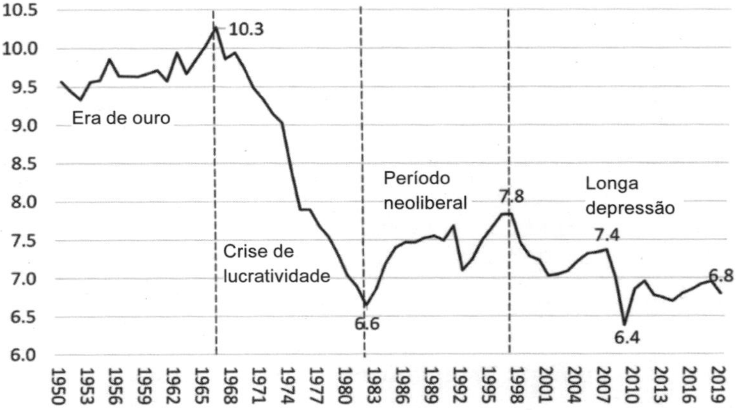

Fonte: Roberts, M. (2022).

No Brasil, um grupo de economistas também tem procurado estimar a taxa de lucro no país (Marquetti *et al.*, 2023). O Gráfico 1.5 mostra o resultado obtido em seu último estudo.

Nota-se que, depois de taxas expressivas ocorridas desde 1950, a taxa de lucro cai de maneira contínua a partir do início dos anos 1970, recuperando-se um pouco ao final dos anos 1980 e permanecendo praticamente a mesma durante os anos seguintes, quando, apesar dos esforços de governos progressistas, o neoliberalismo avançou no país.

Gráfico 1.5 – Brasil: Evolução da taxa de lucro no país, de 1950 a 2020

Fonte: Marquetti *et al.* (2023), p. 320.

A leitura rápida dessa evolução poderia nos levar ao pensamento de que os capitalistas envolvidos na produção de mercadorias estão amargando uma longa crise. Ledo engano. Desde a ascensão das finanças como capital dominante, cenário que se consolidou com a desregulamentação dos mercados, especialmente o financeiro, os capitalistas antes voltados exclusivamente à produção, bem como os grandes atacadistas, passaram a dirigir parte de seu lucro para a compra de ativos de toda sorte. Esses ativos podem ser títulos do governo, derivativos ou mesmo criptomoedas, entre outras modalidades a sua disposição.

Durante o já longo período dominado pelas finanças e políticas neoliberais, o capital associado às finanças só aumenta no mundo, cenário também presente no Brasil. Dessa forma, mais uma vez, é preciso perguntar: crise? Qual crise? E quem está sofrendo com ela?

Em outras palavras, a escolha do indicador para avaliação da presença ou não de crise econômica não é neutra. Como veremos em outras partes deste pequeno livro, há quem esteja ganhando muito com a manutenção de elevadas taxas de juros, por exemplo.

2. Inflação, o que é isso?

Inflação é definida como o aumento generalizado dos preços dos bens e dos serviços em uma economia. Mas cuidado! Não é porque o preço do tomate aumentou que há inflação no país. Primeiro porque, se o tomate ficou mais caro em São Paulo, seu preço pode ter caído em Porto Alegre. Segundo porque, mesmo que o preço do tomate tenha subido em todo o país, a sociedade não consome apenas tomates. Então, como se sabe se há inflação ou não em um país? Como ela é medida?

A inflação é medida por índices de inflação. No Brasil, há vários índices que tentam captar a variação dos preços em determinados setores, como, por exemplo, o Índice de Preços ao Produtor Amplo (IPA), que mede a variação média dos preços de produtos agropecuários e industriais entre produtores, e o Índice Nacional de Preços ao Consumidor (INPC), que mede a variação média dos preços da cesta de bens e serviços consumida por famílias com rendimento de até cinco salários-mínimos. Mas, oficialmente, a inflação é obtida a partir do cálculo da variação do Índice de Preço ao Consumidor Amplo (IPCA), desde novembro de 1985 (IBGE, 2023).

O que é o IPCA?

O IPCA representa a média ponderada dos preços dos diversos bens e serviços consumidos pelas famílias brasileiras com rendimento mensal entre um e 40 salários-mínimos. A participação relativa de cada item consumido por essas famílias é conhecida por uma pesquisa feita pelo IBGE a cada seis ou sete anos, denominada Pesquisa de Orçamentos Familiares (POF), que levanta a proporção média da renda familiar despendida com cada produto consumido. Essa proporção média é medida por faixas de renda familiar, uma vez que a cesta de bens e serviços consumida não apresenta a mesma composição para todas as faixas de renda. Por exemplo, a parcela da renda gasta com gás de cozinha para uma família com renda mensal de um salário-mínimo não é a mesma para uma família com renda de 40 salários-mínimos. Por outro lado, também há muito mais famílias com renda de um salário-mínimo do que com 40 salários-mínimos; logo, os percentuais de participação dos itens de consumo da primeira faixa de renda são muito mais considerados (proporção relativa das famílias por faixa de renda) que dessas últimas. Assim, o IPCA consiste no preço médio de todos os bens e serviços, como alimentos (coletados preços de todos os produtos, arroz, feijão, açúcar, sal etc.); passagens de ônibus, metrô, trem, táxi e outros; serviços de lazer; barbeiro, cabeleireiro, água, luz, aluguel, gasolina, consultas médicas; enfim, tudo que se consome. A coleta é feita diariamente, do primeiro ao último dia de cada mês em estabelecimentos de prestação de serviço público ou privado, feiras livres, e até mesmo na internet, em 16 regiões metropolitanas de capitais brasileiras, cada uma levando em conta a participação de sua população em relação à população total do país, conforme o rendimento monetário mensal familiar disponível pela POF de 2017-2018 (IBGE-POF, s.d.).

O IPCA, em sua última composição levantada pela POF, em 2020, considera 377 produtos diferentes, divididos em nove agrupamentos de gastos. A Tabela 2.1 mostra a composição e participação relativa dos grupos de gastos na estrutura atual do

IPCA. Nela podemos perceber o motivo pelo qual geralmente as pessoas apenas sentem a inflação quando há aumento de preços de alimentos, de passagem de ônibus, da gasolina, da energia elétrica ou do gás de cozinha, pois são os itens que mais pesam nos gastos das famílias.

Tabela 2.1 – Composição do IPCA segundo a participação percentual por grupo de despesa, 2023

Grupos	Participação %
Alimentação e bebidas	21,73%
Transporte	20,35%
Habitação	15,23%
Saúde e cuidados pessoais	13,06%
Despesas pessoais	10,05%
Educação	5,94%
Comunicação	4,96%
Vestuário	4,75%
Artigos de residência	3,93%

Fonte: IBGE (2023). Elaboração própria.

O crescimento do valor do IPCA indica a existência de inflação; já a sua redução indica o que os economistas chamam de deflação, de ocorrência bastante rara.

Por que a inflação é algo que preocupa?

Como os preços dos produtos praticados em uma economia representam renda para quem os vende, se os preços de um produto sobem mais que os de outros, observa-se que um indivíduo tenderá a receber mais renda que outro, ou seja, a inflação provoca alteração na renda relativa entre os participantes da economia. Como o consumidor não vende produtos, apenas os adquire, a ocorrência de inflação implicará que ele será obrigado a consumir menos. Isso significa que a inflação tende a reduzir o poder de compra (de bens e serviços) da renda das pessoas.

Em contrapartida, como especialmente as famílias de baixa renda gastam toda a sua renda com o consumo, tendo, portanto, pouca ou nenhuma capacidade de poupança, considerando a economia como um todo, o aumento dos preços – a inflação – será sempre proporcionalmente maior que a queda da quantidade de bens e serviços que as pessoas consumirão, provocando assim uma transferência de renda das famílias para os produtores. Em outras palavras, a inflação tem impacto na distribuição da renda, piorando a situação das famílias, principalmente as de renda mais baixa.

Além do aspecto negativo da inflação sobre a distribuição de renda, ao longo do tempo se perde a capacidade de acompanhamento e comparação da evolução dos diversos preços da economia. Isso dificulta a decisão do produtor individual sobre se vale a pena ou não fazer um investimento produtivo. Para tomar a decisão, o empresário se pergunta: qual o retorno esperado desse investimento? A resposta depende da relação entre os custos necessários para a produção e oferta dos produtos e a receita esperada, que será auferida com a venda dos produtos. Em uma situação inflacionária, os custos de produção estão sempre aumentando e é difícil para alguns produtores definir a que preço vender sua produção.

Se não houvesse inflação em uma economia, seria bastante simples projetar a taxa de retorno do investimento produtivo, pois uma vez que os preços permanecessem constantes, o poder de compra dos consumidores ficaria inalterado e a quantidade consumida tenderia a não se alterar, permitindo antever com certa precisão a receita futura. No entanto, a inflação implica a perda parcial da capacidade de previsão das receitas e mesmo dos custos a serem enfrentados ao longo do processo de produção. Assim, a permanência de um processo inflacionário, especialmente se for contínuo e elevado, tende a inibir decisões de investimento produtivo na economia, podendo gerar um período no qual as expectativas dos empresários vão se deteriorando, conduzindo a economia à estagnação.

O que provoca a inflação?

Tradicionalmente, diz-se que a inflação pode ser de demanda ou de custo.

A *inflação de demanda* ocorre quando há aumento dos preços, pois a quantidade de produtos que as pessoas desejam comprar pelo preço vigente é maior que a quantidade oferecida pelas empresas pelo mesmo preço. Assim, como em um leilão, se os produtos existentes são mais disputados, seus preços tendem a aumentar. Um exemplo bastante óbvio são os produtos agrícolas, cuja produção está sujeita a períodos de colheita (safra) e períodos nos quais não se pode fazer a colheita (entressafra). Dado que a demanda pelos produtos independe da época do ano, se não houver estoque deles, não haverá quantidade disponível para suprir a demanda, e, portanto, haverá mais demanda que produtos disponíveis, formando-se um cenário em que os consumidores estejam dispostos a pagar mais para ter o produto.

> *Demanda agregada* é a soma das demandas de todos os agentes da economia em um determinado momento, ou seja, das famílias que sempre desejam e precisam consumir bens e serviços; das empresas que precisam adquirir bens e serviços para poderem produzir; do governo (união, estados e municípios; Executivo, Legislativo e Judiciário); e das outras economias com as quais o país se relaciona (neste caso, considera-se a demanda líquida, isto é, a exportação menos a importação).

Muitos são os fatores que podem fazer com que em um determinado período ocorra excesso de procura de bens e serviços diante da quantidade disponível deles. Entre os fatores está o aumento da disponibilidade de crédito na economia. Com mais crédito, as famílias podem complementar sua renda com ele e, assim, consumir mais bens e serviços. Por um lado, as empresas com mais crédito também podem ter acesso a um capital que possibilita o aumento da produção; por outro, ao gastar para produzir, precisam comprar mais bens e serviços para executar a produção, ampliando a demanda agregada da economia, enquanto ainda não aumenta efetivamente sua produção – o que gera uma procura geral maior do que a produção corrente no período, pressionando os preços para cima. Mas isso pode ser benéfico em momentos de crise, pois, ao dinamizar a demanda, incentiva os produtores a aumentarem a produção.

Já a *inflação de custo* (também chamada de *inflação de oferta*) está associada a aumentos persistentes do preço das matérias-primas e dos insumos necessários à produção, como as tarifas da energia elétrica e da água; o preço das máquinas; o aluguel dos prédios; o salário dos trabalhadores; a taxa de juros que remunera os recursos financeiros etc. Se esses preços aumentarem, os bens e serviços custarão mais para serem produzidos, exigindo assim que sejam vendidos a preços mais elevados, se o objetivo for o de evitar queda da margem de lucro.

Assim como ocorre com a demanda, muitas são as causas da inflação de custo atribuídas por economistas. Entre os diversos fatores que podem aumentar o custo de produção, podem estar relacionados:

- *choques climáticos*, como excesso de chuva ou o oposto, uma seca prolongada, cenários que provocam quebra de safras, reduzindo a oferta de produtos no contexto em que a quantidade demandada pela sociedade não se altera (por exemplo, as pessoas desejam consumir a mesma quantidade de arroz e feijão, ocorrendo ou não quebra de safra).
- *recomposição de preços de insumos produzidos e vendidos pelo governo*, como, água, energia elétrica, combustíveis, pedágios etc., os quais podem ter sido controlados durante um determinado período, por motivos políticos, mas que precisarão ser recompostos, pois eles também têm um custo para ser produzidos e ofertados à sociedade.

- *aumentos internacionais de preços de produtos importados*, como máquinas, combustíveis, medicamentos e outros.

- *desvalorização da taxa de câmbio*, que encarece o preço do produto importado quando medido em moeda nacional, mesmo que seu preço em moeda internacional não tenha se alterado.

- *aumento dos impostos sobre as atividades produtivas*, que tenderão a ser repassados para os preços dos produtos vendidos.

- *aumento da taxa de juros*, pois aumenta o custo do crédito para empréstimos e financiamentos, necessários para a produção e para o consumo.

- mais recentemente, com a desorganização das economias pela pandemia da covid-19, houve *quebra dos elos de cadeias produtivas mundiais*, chamada de cadeias globais de valor, com impactos negativos sobre os preços de seus produtos.

Alguns economistas ainda identificam dois outros tipos de inflação: a chamada inflação inercial e a inflação estrutural.

A *inflação inercial* recebe esse nome pela resistência que os preços muitas vezes apresentam às políticas de controle empregadas sobre eles. Trata-se de aumentos gerais nos preços pautados pela inflação passada. Como foi exposto anteriormente, a inflação altera a distribuição de renda da sociedade, pois todos os preços não mudam na mesma proporção, apesar de, na média, todos subirem. Logo, aqueles que venderem seus produtos a um preço menor que a média inflacionária observada na economia perderão receita em relação aos demais. Considerando esse efeito, os produtores tentam aumentar o preço de seus produtos para não perder renda em relação aos demais. Com isso, a inflação passada tende a se preservar, especialmente se aqueles que venderam produtos com uma variação de preço maior que a média se tornarem muito resistentes a reduzi-lo num segundo momento.

A inflação inercial no Brasil

Embora os manuais de economia lembrem que esse comportamento da inflação é muito frequente em mercados oligopolizados, isto é, com poucos produtores e que conseguem um domínio maior sobre os preços praticados no mercado, a inflação inercial não está restrita a eles. No Brasil, em grande parte dos anos 1980 e até a implantação do Plano Real (1994), a população foi completamente assolada pela inflação inercial, a um nível extremamente alto. Nesse período, os diferentes agentes econômicos – proprietários de imóveis; trabalhadores organizados em sindicatos e associações; empresas produtoras de bens (industrializado ou não) e serviços, entre outros – reajustavam seus preços/salários/aluguéis ou valor do patrimônio com base em um indicador da inflação passada. Se no início do processo de aceleração da inflação o indicador utilizado mantinha alguma relação com a natureza ou estrutura de custo da atividade em questão, na sequência foram incorporados indexadores (índice usado para atualizar o preço) cada vez mais abrangentes e pretensamente mais seguros. Ao final do processo, os brasileiros com conta bancária tinham o valor de seus saldos monetariamente atualizados e assim, em parte, se protegiam da inflação. Em paralelo, propriedades à venda eram anunciadas em dólar. Nesse período, a cada tentativa de frear a inflação, o mesmo fenômeno se repetia: inicialmente, a inflação caía, então os agentes voltavam a aumentar os preços, utilizando-se de indexadores cada vez mais gerais.[1] O Gráfico 2.1 mostra o que ocorreu quando essas diferentes tentativas foram implementadas nos anos 1980 e 1990.

---

[1] Um dos piores resultados desse processo, no plano socioeconômico, foi uma piora na distribuição de renda do país. Como destaca Pinto (2021), em 1985 o 1% mais rico acumulava 14,2% da renda total do país, e este número passou para 16,4% em 1989. Os 50% mais pobres, por sua vez, que detinham 12,4%, em 1985, passaram a responder por somente 10,5% em 1989. Quanto aos trabalhadores, o autor destaca que se as categorias organizadas conseguiram se defender parcialmente das perdas salariais, por meio de lutas sindicais e greves, as não organizadas sofreram as piores consequências por não conseguirem se mobilizar para as lutas necessárias.

2. Inflação, o que é isso?   29

Gráfico 2.1 – Brasil: Evolução da taxa de inflação mensal, medida pelo IPCA, em %

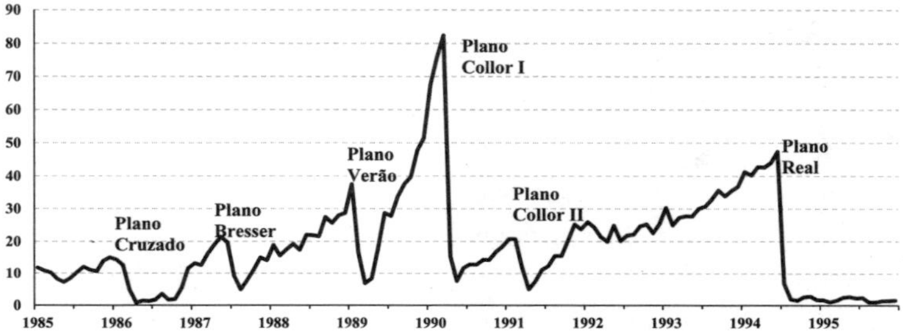

Fonte: IBGE (2023). Elaboração própria.

Já a *inflação estrutural* consiste em aumentos persistentes de preço derivados da precariedade da estrutura de produção (cadeia produtiva) e da distribuição da produção, típica de países não plenamente desenvolvidos, como é o caso dos países da América Latina.

E como os governos tentam controlar a inflação?

Parece bastante compreensível que uma ação eficaz para controlar a inflação necessita que antecipadamente se conheça o que causa o processo inflacionário. Assim, se a inflação for de demanda, o governo procura controlar o excesso de demanda agregada em nível mais compatível com a oferta agregada. Em contrapartida, se for de oferta, seriam necessárias medidas de maior controle dos custos de produção.

Não dá para controlar a inflação diretamente, pois os fatores que dão origem a esse processo são múltiplos e distintos. Assim, a ação correta deve vir acompanhada por um conjunto de medidas complementares, o que certamente não é algo fácil de ser feito.

Há que se considerar que, se for pequena e controlada, a inflação pode ser saudável para a economia, pois indica a existência de demanda superior à oferta e, portanto, um incentivo às empresas para aumentarem a produção, possibilitando o crescimento da economia e, ao menos no curto prazo, o aumento de empregos. Assim, se forem adotadas medidas de combate à inflação, isso pode provocar deterioração das expectativas dos produtores e dos consumidores e conduzir a economia a uma estagnação, ou até mesmo a uma redução das atividades, com consequente aumento do desemprego.

Entretanto, no mundo atual, parece se estabelecer entre os formuladores de políticas econômicas um consenso de que só a inflação de demanda existiria e, portanto, há aceitação de que para controlá-la restaria apenas o domínio sobre a demanda agregada. A política indicada seria restringir os gastos por meio de políticas monetárias restritivas, isto é, elevar a taxa de juros e, consequentemente, encarecer o crédito, o que tenderia a favorecer a poupança e não o consumo.

Desde o início dos anos 1990, tendo em vista o peso do neoliberalismo na determinação das políticas macroeconômicas, a maioria dos países adota o chamado regime de metas de inflação, atribuindo a seus Bancos Centrais o papel de condutores dessa política e, quase que de forma unânime, o instrumento adotado para atingir as metas estabelecidas é a taxa de juros referencial da economia. Aparentemente, essa política surtiu o controle esperado na maioria das vezes, pois o mundo conviveu por muito tempo com baixas taxas de inflação. Entretanto, tem-se observado crescentes críticas à sua manutenção diante de seu impacto negativo sobre o nível de atividade e de emprego, restringindo o crescimento econômico e provocando grande concentração de renda, com perdas constantes da renda proveniente do salário. Até mesmo os economistas teóricos que justificaram os benefícios da adoção de metas de inflação vêm sugerindo a necessidade de ajustes e flexibilizações das políticas pelos países, buscando recuperação e melhor desenvolvimento econômico.

3. As contas públicas no centro do debate

Há muito o controle das contas públicas, com ênfase nos gastos, está no centro do debate econômico no Brasil. Os leitores de mais idade provavelmente recordam que, às portas da votação do texto da Constituição de 1988, o então presidente da República, José Sarney, foi à televisão para dizer que o país não teria como suportar as despesas decorrentes dos direitos sociais por ela assegurados. Nos governos seguintes, já sob franca influência do que veio a ser chamado Consenso de Washington e do neoliberalismo, que se firmava dominante no mundo, vários dispositivos foram aprovados para conter a elevação dos gastos públicos, entre os quais se destacam a Lei de Responsabilidade Fiscal, que condiciona a criação de despesas à comprovação de receita suficiente; e a introdução de limites para a realização de algumas despesas, entre as quais se destaca o gasto com pessoal. Isso sem falar das privatizações do patrimônio público, cujo auge ocorreu durante o governo de Fernando Henrique Cardoso (FHC), na lógica de que, por meio da venda de ativos, se pode cessar as despesas com o patrimônio.

> O *Consenso de Washington* constitui um conjunto de diretrizes, fruto de reunião realizada em 1989, em Washington, com a participação de economistas das mais importantes instituições financeiras do mundo. Essas diretrizes tinham como fundamento o pensamento neoliberal e passaram a ser sinônimo de seus objetivos na esfera macroeconômica. O cumprimento dessas recomendações passou a ser exigido pelo Fundo Monetário Internacional quando das negociações com os países.
>
> Entre elas, destacam-se: realizar uma profunda reforma fiscal, com vista a desonerar as empresas; diminuir o Estado mediante redução dos gastos e da privatização do patrimônio público; e abrir a economia ao resto do mundo.

O imperativo do controle sobre os gastos públicos permeou todos os governos, até os considerados progressistas: no primeiro governo de Lula, por exemplo, mesmo após a dívida externa ter deixado de ser uma preocupação, foi aceita a exigência do Fundo Monetário Internacional (FMI) de realização de superávit primário e manutenção do chamado tripé macroeconômico (meta de inflação, câmbio flutuante e meta de resultado primário). O auge desse imperativo se traduziu na aprovação da Emenda Constitucional 95 (EC 95), em dezembro de 2016, já sob a gestão de Michel Temer.

O Teto de Gastos e suas consequências

A Emenda Constitucional 95 congelou os gastos do governo federal e da Seguridade Social da União durante 20 anos. Desse modo, a partir de 2017, o orçamento das despesas passou a se limitar ao nível de despesa do ano anterior acrescido da inflação, isto é, da variação do Índice Nacional de Preços ao Consumidor Amplo (IPCA). O objetivo foi o de congelar o orçamento público em termos reais, mantendo o patamar de 2016. Exceção a isso foi o tratamento concedido à saúde pública que, para 2017, teve os recursos aumentados, correspondendo a 15% da Receita Corrente Líquida, tal como é mencionado no décimo capítulo deste livro, a respeito do Sistema Único de Saúde (SUS). Um dos objetivos explícitos do Teto de Gastos era a redução do poder do Estado na economia e sua atuação nas diferentes áreas, independentemente do crescimento populacional, de modificações das necessidades sociais e até mesmo do desempenho do nível de atividades da economia.

A ideia que levou à formulação do Teto de Gastos era a de que um ajuste fiscal permanente e de longo prazo faria com que a confiança dos agentes econômicos aumentasse e isso, consequentemente, induziria à ampliação dos investimentos e a um crescimento robusto da economia. Paul Krugman, economista estadunidense, equiparou ironicamente essa linha de argumentação a "acreditar na fada da confiança". Mas, na batalha das ideias, ou seja, na disputa pelos corações e mentes de amplos setores da população, da mídia em geral e mesmo dos representantes do governo, tratou- -se o manejo das contas públicas como se ele fosse igual ao da economia do lar; como se os determinantes e as restrições fossem iguais tanto no que tange ao plano macroeconômico (relativo à nação) quanto à economia de uma família.

Ao fazerem essa associação, traziam ao interior do Estado uma proposição muitas vezes inadequada: quando há queda da renda familiar, deve-se cortar despesas. Mas o Estado não é uma família. Ele não só tem o poder de criar moeda e se endividar, emitindo títulos públicos, como ele "não quebra", tal como ocorre a uma empresa ou mesmo uma família.

A expectativa de que a adoção do Teto de Gastos possibilitasse um crescimento robusto não aconteceu. Ao contrário, a economia brasileira apresentou um fraco e instável crescimento econômico nos anos seguintes (como pode ser visto no Gráfico 1.1 do primeiro capítulo), o que aumentou a vulnerabilidade socioeconômica e provocou expressiva deterioração do mercado de trabalho. Ao mesmo tempo, a regra fiscal desencadeou severo corte das despesas discricionárias, aquelas cuja realização não é legalmente obrigatória. O nível dessas despesas chegou ao patamar mais baixo em termos históricos, com destaque para o investimento público. Paralelo a isso, houve intensa campanha para que a Constituição fosse alterada, com o objetivo explícito de abolir despesas obrigatórias, cujo exemplo maior talvez seja o da Educação, pois a equipe econômica considerava que só assim o crescimento do gasto público seria realmente contido, e que essa redução seria condição necessária para estabilizar a economia e reduzir a dívida pública.

Nenhum outro país do mundo jamais adotou algo como o Teto de Gastos, seja por sua rigidez, por ter sido incluído na Constituição Federal, seja por sua longa duração, seja por incluir os gastos sociais e excluir o serviço da dívida pública, não limitando esse último. Diversos países se valem de regras fiscais. Nos Estados Unidos, por exemplo, há um teto definido para a dívida pública que, em último caso, pode resultar na paralisação da execução orçamentária do governo estadunidense – fenômeno conhecido pela expressão "*shutdown*" – até que o Congresso aprove seu aumento. Em países da União Europeia, por sua vez, há metas fiscais estruturais para a sustentabilidade da dívida que limitam o crescimento de despesa com base no desempenho do PIB, ajustadas aos ciclos econômicos e com margem para investimentos públicos e adoção de medidas anticíclicas, em caso de grave crise econômica.

No caso brasileiro, como os gastos com benefícios previdenciários (que são obrigatórios) representavam parcela significativa das despesas primárias do governo federal, e vinham crescendo acima da inflação, outras despesas do orçamento público precisaram ser comprimidas para atender ao Teto de Gastos. Dessa forma, foram afetados os investimentos públicos, salários de servidores, educação e programas de transferência de renda. Essa situação resultou em subfinanciamento de várias áreas de atuação do Estado, desconsiderando o crescimento e envelhecimento populacional, as diversas desigualdades presentes no Brasil e a população mais carente, a mais necessitada de bens e serviços públicos. Ressalte-se que a aprovação do Teto acelerou a urgência da reforma da previdência, que, após tentativas fracassadas durante o governo de Michel Temer, foi aprovada no governo Bolsonaro com a alteração de parâmetros e regras previdenciárias (abordados no nono capítulo deste livro), frustrando as expectativas da maioria dos trabalhadores que pretendiam se aposentar em breve.

A pandemia de covid-19 e a urgência da atuação do Estado

Quando ocorre uma grave crise – como nos casos do *subprime,* em 2008-2009 e, mais recentemente, da pandemia de covid-19 –, os governos são obrigados a adotar o que os economistas chamam de *políticas anticíclicas* como forma de superá-la ou de minimizá-la. No caso da pandemia de covid-19, além da preocupação de enfrentar a crise sanitária, de sustentar a renda, de manter os empregos e mesmo a liquidez na economia, somaram-se questões relativas à soberania nacional e à manutenção da coesão social (Marques *et al.*, 2021). Nessa oportunidade, assim como em quase todos os países, no Brasil, a despeito do Teto de Gastos, o governo disponibilizou recursos da ordem de 8,3% do PIB para o enfrentamento da crise (FMI, s.d.). É claro que a ação aumentou o déficit primário (receitas menos despesas) e elevou o nível da dívida pública. Mas o imperativo imposto pela pandemia fez "letra morta" do Teto de Gasto em 2020.

Para que isso pudesse ser feito, foi necessário decretar ainda no primeiro semestre de 2020 o estado de calamidade, que suspendeu as travas fiscais autoimpostas para a elevação do gasto – como o Teto de Gastos e a "regra de ouro". Também foi aprovado o "orçamento de guerra", nome dado ao regime fiscal, financeiro e de contratações criado especialmente para o enfrentamento dos impacts da pandemia. Essas ações foram essenciais para viabilizar medidas anticíclicas e de proteção social, como a adoção do auxílio emergencial no valor de 600 reais por mês à população mais vulnerável, que beneficiou mais de 60 milhões de pessoas, entre várias outras iniciativas. Foi preciso uma grave crise para se confirmar que a gestão macroeconômica não pode ser tratada como uma "economia do lar", pois, mesmo em um contexto de deterioração econômica e fiscal, o Estado possui formas de se financiar e desempenhar seu papel anticíclico de maneira a conter e reverter a deterioração das condições econômicas, sociais e sanitárias.

> A *Regra de Ouro* proíbe o governo de fazer dívidas para pagar despesas correntes, como salários, aposentadorias, contas de luz e outros custeios da máquina pública. Essa regra está no art. 167, inciso III da Constituição Federal.

Conforme o controle da pandemia avançou, especialmente devido à vacinação de grande parte da população, as medidas restritivas de isolamento social e de paralisação de atividades foram flexibilizadas e o estado de calamidade foi encerrado. Dessa forma, regras e metas fiscais foram reintroduzidas em um contexto em que empresas e famílias ainda se encontravam muito afetadas pela crise. O processo de rearticulação de atividades produtivas e o agravamento da situação de vulnerabilidade fizeram com que o governo mantivesse algumas medidas de incentivo e de apoio por um período maior, com destaque para o auxílio emergencial.

De maneira a completar ações além do Teto de Gastos, houve também, em 2022, a liberação de mais de 40 bilhões de reais para custear o que foi chamado pela imprensa de "PEC das bondades", que teria fins eleitorais. Em outras palavras, via Emenda Constitucional, durante o governo de Jair Bolsonaro abriu-se espaço para dispor de recursos suplementares. Essa atitude, entre outras consequências, elevou o valor do Auxílio Brasil, do Vale Gás e do Auxílio ao Caminhoneiro e Taxista. Sem entrar no mérito da necessidade dessas medidas, a disponibilização de recursos, rompendo as amarras do Teto de Gastos mais uma vez, atesta que a gestão orçamentária pública está longe de ser derivada ou restringida pela simples disponibilidade de recursos oriundos de receitas correntes, isto é, disponíveis no momento do exercício do gasto. Além disso, todas essas medidas mostram claramente o equívoco de se ter aprovado o Teto de Gastos como uma Emenda Constitucional, e não como um plano de governo.

A regra fiscal no atual governo Lula: o Novo Arcabouço Fiscal

Antes mesmo de Lula tomar posse de seu terceiro mandato, o novo governo negociou a chamada "Proposta de Emenda Constitucional (PEC) de Transição". Se fazia necessário introduzir uma nova Emenda Constitucional para, dada a vigência do Teto dos Gastos, ser possível dispor de recursos que, entre outros objetivos, garantissem a continuidade do pagamento do Auxílio Brasil nos primeiros meses do ano (mais tarde, Lula retomou o Programa Bolsa Família e extinguiu esse auxílio), além de prover o Programa Farmácia Popular de recursos. Isso porque o orçamento de 2023, encaminhado por Jair Bolsonaro, simplesmente não previa recursos para manter a continuidade do Auxílio Brasil e de diversos programas essenciais para o funcionamento de algumas políticas públicas existentes, especialmente as de caráter social.

Graças a negociações bem sucedidas, em 21 de dezembro de 2022 foi aprovada a EC 126/22, que, além de facultar o uso adicional de 145 bilhões de reais ao governo que tomaria posse em 1º de janeiro de 2023, definiu que o novo governo teria até agosto de 2023 para encaminhar ao Congresso Nacional um Projeto de Lei Complementar para a adoção de um "novo regime fiscal sustentável para garantir a estabilidade macroeconômica do país e criar as condições adequadas ao crescimento socioeconômico" (Câmara dos Deputados, 2022).

Os parâmetros do Novo Arcabouço Fiscal

I. Quanto ao resultado primário:

    1. definição da meta do ano e dos três exercícios subsequentes.

    2. adoção de intervalos de tolerância nas metas, para que o resultado primário possa ficar 0,25 ponto percentual do PIB acima e abaixo da meta definida.

II. Quanto à evolução da despesa:

    1. crescimento real da despesa limitado a 70% da variação real da receita primária acumulada em 12 meses.

    2. crescimento real das despesas primárias limitado ao intervalo de 0,6% a.a. e a 2,5% a.a., isto é, não pode crescer mais do que 2,5% ao ano e nem menos do que 0,6%.

    3. o Fundo Constitucional do Distrito Federal (FCDF) e o Fundo de Manutenção e Desenvolvimento da Educação Básica (Fundeb) estão excluídos dessas regras.

III. Quanto à penalidade no caso de descumprimento das regras:

    1. o crescimento real das despesas primárias deve ser reduzido para 50% no exercício seguinte.

IV. Quanto aos Investimentos Públicos:

    1. estabelecimento de um piso orçamentário, não obrigatoriamente executável.

    2. em caso de excedente de resultado primário superior ao intervalo da meta, é permitida a utilização de parte desses recursos excedentes para investimentos.

A proposta denominada de Novo Arcabouço Fiscal (NAF) foi enviada pelo Ministério da Fazenda ao Congresso Nacional em abril de 2023. Após a tramitação no Congresso, o novo regime fiscal foi sancionado pela Lei Complementar n. 200, de 30 de agosto de 2023. Nessa lei, está explícito que: o objetivo do regime fiscal sustentável é o de "garantir a estabilidade macroeconômica do país e criar as condições adequadas ao crescimento socioeconômico"; e que as metas fiscais devem ser "compatíveis com a trajetória sustentável da dívida pública". O novo regime fiscal é constituído por uma combinação de metas de resultado primário (receitas menos despesas, sem considerar os juros pagos decorrentes da dívida pública) com metas de despesa primária em relação ao crescimento da receita.

Na apresentação do Novo Arcabouço Fiscal, os representantes do Ministério da Fazenda indicaram as seguintes metas de resultado primário (em relação ao PIB): -0,5% para 2023, 0,0% para 2024, 0,5% para 2025 e 1,0% para 2026, sendo mantido o intervalo de tolerância (acima e abaixo da meta) de 0,25 pontos percentuais do PIB. Para alcançar as metas e atender aos parâmetros definidos pelo novo regime fiscal, o governo precisa de um consistente aumento de arrecadação fiscal. Como o desempenho da arrecadação está atrelado ao do nível de atividades, e o cenário é de desaceleração do crescimento econômico, o Ministério da Fazenda centraliza sua estratégia na redução de incentivos fiscais, na correção de distorções tributárias, no enfrentamento de sonegações e na incidência de tributação em setores ainda desregulamentados. Destaque-se que, além da importância de manter a previsibilidade e a segurança jurídica dos agentes econômicos, a carga tributária brasileira, de 33,71% do PIB em 2022, já é muito elevada em comparação a de outros países, a qual, apesar de ter crescido nos últimos anos, encontra espaço bastante restrito para mais aumento.

A título de ilustração, em 2019, a carga tributária brasileira foi de 32,49% do PIB, enquanto a média dos países da América Latina foi de 22,71% e de 33,56% nos países da Organização para a Cooperação e Desenvolvimento Econômico (OCDE). O fato de o novo arcabouço fiscal ter como premissa o aumento da arrecadação para garantir crescimento da despesa, e esse aumento das receitas envolver alteração de "práticas" e interesses cristalizados de setores da sociedade brasileira, indica que a gestão do gasto público não será fácil nos próximos anos. Efetivamente, há enorme probabilidade de ser mantida a tendência de atrofia dos gastos públicos em relação ao PIB e de cortes de recursos em áreas importantes de atuação estatal, perpetuando-se assim o subfinanciamento das ações e serviços públicos. Em casos mais graves, como o do SUS (como será abordado no décimo capítulo), pelo menos para 2023, mantém-se o seu desfinanciamento. Além disso, não há nenhuma garantia de que o investimento público tenha retorno, o que seria fundamental para a construção de cadeias produtivas que estivessem em consonância com o meio ambiente e avançassem no campo tecnológico, além de gerarem emprego e renda.

De acordo com o novo regime fiscal, o não cumprimento das metas estabelecidas resultará no acionamento das sanções previstas, inclusive com a possibilidade de crime de responsabilidade. Ou seja, além de resultar em contingenciamentos e cortes de recursos, há riscos políticos, econômicos e jurídicos na definição de metas de difícil cumprimento.

Outro aspecto importante é que, como os pisos da Saúde e da Educação são atrelados diretamente ao desempenho da receita, e os benefícios previdenciários e assistenciais possuem uma consistente taxa de crescimento, a perspectiva é de que outras rubricas orçamentárias tenham que ser comprimidas para atender aos parâmetros definidos no novo regime fiscal. Diante dessa questão, integrantes do Ministério da Fazenda já anunciaram a possibilidade da tentativa de aprovar uma alteração nos pisos constitucionais da Saúde e da Educação, o que amplia riscos de subfinanciamento para essas áreas de grande importância para a sociedade.

Em um cenário de baixo crescimento, um regime fiscal com tais parâmetros resultará restritivo. Ao não privilegiar o investimento público como indutor do crescimento e do desenvolvimen-

3. As contas públicas no centro do debate **41**

to, aposta, por exclusão, no aumento do investimento privado e na "fada da confiança", retomando a mesma tese que fundamentou o Teto de Gastos do governo Temer. Diante das restrições fiscais vigentes, o atual governo tem buscado criar condições para impulsionar os investimentos privados, com destaque para uma agenda de concessões e Parcerias Público-Privadas (PPPs). Contudo, é essencial que o país viabilize uma retomada consistente dos investimentos públicos que garanta recursos para programas sociais, saúde, educação, proteção do meio ambiente, enfrentamento à emergência climática e incentivo à transição energética, assim como para inovações e avanços tecnológicos.

Para o ano de 2024, a meta prevista no Novo Arcabouço Fiscal (NAF) de déficit primário zero (com tolerância de até 0,25% do PIB) foi atingida, ficando em um déficit de R$ 11 bilhões, o equivalente a 0,09% do PIB. Esse resultado foi o segundo melhor da última década e ficou muito aquém da projeção de 0,36% feita pelo mercado financeiro. Dele foi excluída parcela de R$ 32 bilhões, composta por recursos extraordinários destinados ao Rio Grande do Sul em apoio à situação de calamidade causada pelas chuvas.

Visando à meta de equilíbrio fiscal para 2025, novamente com tolerância máxima de déficit de 0,25% do PIB, o governo encaminhou para apreciação do Congresso Nacional, em dezembro de 2024, um conjunto de propostas que alteravam a evolução de parte de suas despesas. Entre aquelas que foram aprovadas, destaca-se a mudança da regra de atualização do salário-mínimo (SM), o qual não poderá registrar ganho real maior do que 2,5% (limite superior da evolução das despesas introduzidas pelo NAF). Essa nova regra tem impacto não só junto aos trabalhadores que ganham um SM ou que se localizam nos extratos mais baixos de salários, mas que têm o SM como referência, como afeta os pisos da previdência social, do seguro-desemprego, do programa assistencial do Benefício de Prestação Continuada (BPC) e o valor do Abono do Pis/Pasep). Além disso, é importante lembrar que, em

2026, começa a diminuir o valor do teto salarial para ter direito ao abono, até que chegue a 1,5 SM (hoje é de 2 SM).

Essas mudanças mostram que rapidamente a centralidade do controle das contas públicas começou a afetar políticas consideradas fundamentais no combate à desigualdade e à pobreza, sem que, ao mesmo tempo, tenham sido enfrentadas as taxas de juros que elevam o serviço da dívida pública e dificultam o investimento e demais atividades econômicas.

4. A taxa de juros no Brasil

O que é taxa de juros?

Taxa de juros é o preço do "aluguel do dinheiro", isto é, o preço que se paga pelo uso do dinheiro alheio.

Por que "preço do aluguel do dinheiro" e não "preço do dinheiro"?

Porque ninguém vende dinheiro, mas apenas o empresta por um determinado tempo, cobrando um valor monetário, normalmente pago no final do período do empréstimo. Comprar um produto ou serviço consiste em trocar dinheiro por ele; logo, não faz sentido comprar dinheiro, pois seria trocar dinheiro por dinheiro. Se uma pessoa deseja comprar algo e não dispõe de dinheiro, ela pode solicitar um empréstimo ou um financiamento. O empréstimo pode ter ou não uma garantia. Já o financiamento tem o próprio bem financiado como garantia. Em geral, diferentes modalidades de crédito (o que é chamado de linhas de crédito) com garantias reais possuem taxa de juros finais menores em comparação às linhas sem garantia.

O custo do crédito pode variar dependendo da instituição financeira, das garantias, linhas de crédito, dentre outros fatores. As principais empresas especializadas em ofertar linhas de crédito são os bancos, as financeiras e as cooperativas de crédito. Além dessas instituições, as empresas de maior porte têm como alternativa a captação de recursos no mercado de capitais junto a fundos de investimentos nacionais e internacionais.

Os bancos atraem as sobras de dinheiro de alguns (poupanças) e usam esse dinheiro para emprestar a quem o solicita. Para atrair essas sobras de dinheiro, os bancos podem oferecer um rendimento, pagando uma taxa de juros a seus detentores para que eles as depositem no banco, ou oferecendo um serviço de guarda do dinheiro enquanto ele não é gasto, de modo mais seguro que se permanecesse junto a seus detentores. No entanto, o banco cobra pelo serviço de gerenciamento de dinheiro. É claro que cada país estabelece normas próprias para o que pode ser cobrado. No caso do Brasil, por exemplo, os bancos não podem cobrar por um pacote básico de serviços.

Em condições normais da economia, há sempre uma permanência de dinheiro depositado nos bancos, de modo que eles usam os valores para emprestar a quem solicitar, cobrando uma taxa de juros. Óbvio que, pelo risco assumido pelos bancos de as pessoas sacarem seus depósitos emprestados e não terem sobras suficientes em caixa, essas taxas serão sempre maiores que as de captação. Além disso, e certamente o ponto mais importante, bancos são empresas e, como tal, esperam lucrar com suas atividades.

Multiplicador Bancário

Na verdade, os bancos emprestam volumes superiores ao dinheiro que os correntistas deixam na conta diariamente, mesmo considerando que os bancos comerciais devem manter em caixa para atendimento dos fluxos de retirada (saques) em espécie, o que é chamado de encaixes bancários. Isso é chamado pelos economistas de multiplicador monetário ou multiplicador bancário, isto é, a

> capacidade dos bancos criarem moeda. Esse mecanismo tem como fundamento o fato de as pessoas não irem sacar seu dinheiro ao mesmo tempo. É por isso que, frente à experiência de "corridas" bancárias, quando, em momento de crise, os correntistas buscam sacar o dinheiro de suas contas, os bancos estão autorizados a simplesmente fecharem temporariamente suas portas.
>
> Essa "multiplicação dos pães" é denominada multiplicador monetário.

Dinheiro é como uma mercadoria, isto é, possui um mercado próprio, com ofertantes e demandantes. Além disso, as instituições financeiras, principalmente os bancos comerciais, podem afetar o nível de liquidez monetária da economia. Por exemplo, em momentos de crises e de deterioração das expectativas, podem avaliar que o risco para o mercado de crédito está elevado e, assim, restringir suas operações de crédito. Já em momentos de euforia, os bancos podem ser mais otimistas e ampliar o nível de crédito na economia. O risco potencial de inadimplência ou atraso (mora) difere de acordo com a modalidade de linha de crédito, com as garantias envolvidas e com quem solicita o empréstimo, justificando assim diferentes taxas de juros.

Como o custo do dinheiro pode variar de uma hora para outra, ao fechar um contrato de empréstimo, a taxa de juros cobrada pelo banco dependerá também do prazo do empréstimo, assim como da expectativa da evolução da taxa básica de juros. Em uma mesma linha de crédito, quanto maior o prazo, maiores os riscos, inclusive acerca do custo futuro do dinheiro. Complementarmente, o banco estabelece penalidades ao tomador, caso ele não honre com o compromisso assumido de devolver o empréstimo ou o financiamento na data final estipulada, ou de pagar as parcelas no vencimento. Essas penalidades são multa e juros de mora, que incidem sobre o prazo e o valor devido em atraso.

Juros e crédito no Brasil

As cobranças de juros extremamente elevados são um dos grandes desafios enfrentados pelos brasileiros. As famílias e as empresas se defrontam com linhas de crédito com condições muito onerosas e prazos curtos de pagamentos. Em caso de inadimplência, os tomadores de crédito sofrem com o rápido crescimento das dívidas financeiras, as dificuldades de renegociação dos débitos em aberto e a execução de garantias, se houver. Diante dessa situação, milhões de famílias brasileiras se tornaram inadimplentes e, ao longo dos anos, tiveram seus nomes "negativados" nas instituições de análise de crédito, como o Serasa. O governo federal divulgou em julho de 2023 que cerca de 70 milhões de pessoas estavam "negativadas". No Brasil, a maior parte das linhas de crédito ofertadas pelos bancos são de curto prazo. Diante disso, o Banco Nacional de Desenvolvimento Econômico e Social (BNDES) é uma instituição pública que historicamente oferta linhas de crédito de longo prazo para viabilizar econômica e financeiramente projetos de investimento de longa maturação, como para a ampliação de capacidade produtiva, para avanços tecnológicos e infraestrutura.

Taxa de juros nominal e taxa de juros real. Qual a diferença?

Taxa de juros nominal é a taxa expressa no contrato de empréstimo, sempre referenciada em termos percentuais (remuneração do empréstimo por cem unidades do valor emprestado). É bom sempre lembrar que, para aquele que solicita o empréstimo, a taxa de juros representa um custo (obrigação) e, para quem concede o empréstimo, ela representa uma remuneração (direito), mas o valor pago pelo demandante e recebido pelo ofertante é o mesmo. Já a taxa de juros real é a taxa nominal menos a inflação ocorrida no período do empréstimo. Portanto, a taxa de juros real efetiva somente é conhecida no final do contrato.

O valor do dinheiro varia com o tempo. Mesmo que não haja inflação, mil reais hoje valem mais que mil reais daqui a um ano, pois é possível emprestá-los por um ano e, ao fim do período, ter disponível um valor maior: os mesmos mil reais mais a remuneração do empréstimo feito. Esse custo alternativo do empréstimo do dinheiro é o que os economistas chamam de *custo de oportunidade*.

Para não correr o risco de errar a previsão de inflação, especialmente em épocas em que seu comportamento é muito incerto, e acabar estabelecendo uma taxa de juros real menor que a esperada, os empréstimos podem ser concedidos com a chamada taxa de juros pós-fixada. Nesta modalidade, o tomador do empréstimo pagará ao final do contrato uma taxa de juros previamente definida, podendo ser atrelada a um indexador acrescido de uma remuneração adicional. No Brasil, o Índice Nacional de Preços ao Consumidor Amplo (IPCA), índice de preço que mensura a inflação oficial do país, é um dos indexadores usualmente utilizados, assim como a taxa Selic e o Certificado de Depósito Interbancário (CDI). Uma alternativa é o contrato de empréstimo prever taxa de juros pré-fixada, que significa que a taxa de juros já está definida independentemente de alterações nas condições de mercado.

O que são a taxa básica de juros e os títulos públicos no Brasil?

O Estado brasileiro, via governo federal, toma dinheiro emprestado das instituições financeiras, das empresas ou das pessoas. Para isso, emite um título de responsabilidade do Tesouro Nacional e, assim, reconhece sua dívida. Esse título pode ser remunerado por diferentes indexadores: a taxa básica de juros (taxa Selic), a inflação (IPCA) e a remuneração pré-fixada, entre outros.

No Brasil, a taxa básica de juros é denominada taxa Selic. O termo "Selic", ou Sistema Especial de Liquidação e de Custódia, refere-se ao sistema de registro e compensação diário das negociações de todos os títulos públicos federais. A Selic é determinada pela taxa média diária dessas operações e registradas no sistema, no qual o Banco Central opera para convergir a taxa de juros de curto prazo para a meta Selic definida periodicamente (a cada 45 dias) no âmbito da política monetária pelo Comitê de Política Monetária (Copom). Assim, assume-se que ela seja básica, pois todas as demais taxas de juros praticadas no país devem tomá-la como referência.

Títulos públicos: aplicações ou empréstimos?

Do ponto de vista do público, seja ele pessoa física, empresas, fundos, sindicatos etc., os títulos públicos são aplicações realizadas e constituem seu patrimônio. Esses mesmos títulos são, do ponto de vista do Estado, empréstimos por ele captados junto ao público, constituindo-se, portanto, em obrigações.

A meta Selic é um indicador básico da política econômica praticada no país já há muito tempo, dado que os responsáveis por sua aplicação consideram que há uma relação direta entre juros altos e inflação baixa; entendem que a inflação é "derrubada" pela adoção de juros altos. Atualmente, entre os economistas que seguem o pensamento neoliberal, há o consenso de que a inflação é sempre de demanda, isto é, consiste em um fenômeno monetário decorrente de excesso de gastos. Essa concepção é dominante e se apresenta cotidianamente nos meios de comunicação do país. Mas a adoção de uma política monetária muito contracionista, com a Selic elevada, é um dos principais fatores que agrava sobremaneira a situação econômico-financeira de empresas e amplia o endividamento e a inadimplência de pessoas físicas e jurídicas. Essa situação restringe tomadas de decisão de consumo, de produção e de investimentos. Já uma política monetária mais expansionista, com baixa taxa de juros em termos reais, tende a criar melhores condições de crédito aos tomadores de créditos.

O mecanismo de controle inflacionário ocorre, principalmente, por meio do mercado de crédito, gerando retração ou permitindo expansão dos gastos na economia. Se o crédito fica mais caro, isso aumenta o custo de produção, exigindo repasse de aumento aos preços para que a margem de lucro permaneça a mesma. No entanto, com crédito mais caro as pessoas e empresas tendem a adiar ou abandonar suas intenções de compra; com menor expectativa de vendas, as empresas tendem a não optar pelo aumento de sua produção, prevendo dificuldade de vendas, o que impede o repasse do aumento de custo do crédito ao preço de seus produtos. O grande problema do aumento de custo do crédito é que ele pode limitar o crescimento econômico e o aumento de empregos, o que, dependendo do impacto, pode ser determinante para uma eventual estagnação ou retração econômica.

Além do impacto sobre o crescimento econômico, em uma situação de juros altos, muitos preferem emprestar poupanças ao governo no lugar de investir ou consumir. As contas públicas também são diretamente afetadas pela taxa Selic, devido ao elevado custo de financiamento da dívida pública atrelado a ela. Aumentos da Selic provocam mais gastos com juros e induzem a menores níveis de atividade econômica. Por sua vez, a retração da atividade econômica limita a capacidade de arrecadação de impostos pelo governo. Nesse contexto, as contas públicas são impactadas tanto pela maior quantidade de gastos financeiros (com o pagamento da dívida pelo governo federal) quanto pela menor arrecadação de receitas.

A taxa de juros praticada no Brasil é muito alta em comparação à taxa de outros países?

Há muitos anos, o Brasil pratica as maiores taxas de juros reais do mundo. Mesmo com a redução da taxa Selic definida pelo Banco Central, no final de janeiro de 2024, a taxa real básica de juros do país segue sendo uma das mais altas observadas no mundo. No primeiro semestre de 2023, o Brasil chegou a ter a maior taxa de juros em termos reais em comparação aos demais países, superando 9% a.a. (ao ano) (Gráfico 4.1).

Gráfico 4.1 - Países selecionados: taxa real de juros (% a.a.)[*]

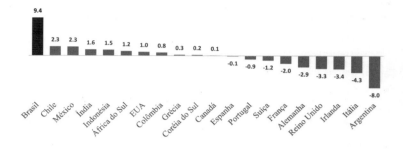

Fonte: OECD; BCB; elaboração própria.
(*) Taxa de juros real = taxa nominal de juros, descontada a inflação acumulada em 12 meses.
Apenas os dados da Índia são referentes a abril de 2023. Para os demais países, os dados são de maio de 2023.

Antes da pandemia de covid-19, a maior parte dos países desenvolvidos praticava taxas básicas de juros reais negativas. No entanto, com o aumento das taxas de inflação em todo o mundo (decorrente, principalmente, da desarticulação de elos das cadeias produtivas globais e, mais recentemente, da guerra entre a Rússia e a Ucrânia), as principais economias iniciaram um ciclo de aumento de suas taxas básicas de juros. No entanto, como pode ser visto na Tabela 4.1, as taxas praticadas ainda são muito inferiores à do Brasil. A taxa brasileira é também muito mais elevada quando comparada às taxas dos demais países considerados com desenvolvimento equivalente, como às dos Brics (a saber, grupo formado por Brasil, Rússia, Índia, China, África do Sul, Egito, Etiópia, Irã e Emirados Árabes Unidos).

Tabela 4.1 – Taxas básicas reais de juros* das maiores economias do mundo, em set. 2023

Maiores economia desenvolvidas		BRICS	
País	%aa	País	%aa
Estados Unidos	1,77%	Brasil	6,40%
Itália	1,70%	Rússia	3,59%
Coreia do Sul	1,64%	África do Sul	2,67%
França	1,41%	Índia	1,59%
Espanha	1,36%	China	0,16%
Reino Unido	1,31%		
Alemanha	1,26%		
Austrália	1,04%		
Canadá	0,58%		
Japão	-1,81%		

Fonte: http://www.moneyou.com.br
(*) Taxas nominais descontadas pela inflação projetada para os próximos 12 meses.

E por que a taxa Selic é tão alta?

Não apenas a taxa básica de juros real brasileira está entre as mais elevadas do mundo, mas no país também são praticadas taxas de juros excessivamente altas para empréstimos a empresas e pessoas físicas. Se, no início de setembro de 2023, a taxa Selic estava fixada pelo Banco Central em 13,25% a.a., a taxa média de juros cobrada pelo sistema bancário brasileiro superava 40% a.a. (BCB, 2023).

A questão que se coloca é: por que essa diferença é tão grande? Várias têm sido as justificativas para que o país pratique a maior taxa de juros real do mundo. No entanto, claramente nenhuma delas é suficiente para explicar a prática.

Segundo os bancos, a razão de se cobrar taxas de juros tão elevadas está associada aos riscos de inadimplência apresentados no país, em grande parte decorrente do excessivo endividamento observado na economia. Entretanto, segundo dados do Fundo

Monetário Internacional (FMI), em 2023, o nível de endividamento das famílias brasileiras não diferia do observado na Índia e na África do Sul (todos em torno de 34% do PIB), sendo um pouco maior que o da Rússia (22%) e muito menor que o da China (62%) (Instituto Propague, 2023). Não se pode esquecer que a concentração da atividade bancária em tão poucos bancos reduz o grau de concorrência entre eles, limitando a possibilidade de redução das taxas cobradas.

Outra justificativa para as altas taxas de juros praticadas no país é a de que a dívida do governo é muito alta, ampliando as incertezas na economia, o que induz ao encarecimento do crédito. Quando se compara o endividamento do setor público brasileiro ao dos países que formam o Brics (CEIC DATA, 2024), observa-se que o tamanho da dívida brasileira (74% do PIB) não difere muito do apresentado pela África do Sul (73%), sendo um pouco maior que o da Índia (58%), mas muito maior que o da China (22%) e Rússia (16%) (CEIC, s.d.). Entretanto, somente essas diferenças não são suficientes para justificar os diferenciais praticados no Brasil.

Por fim, uma última justificativa comumente apresentada é a de que o país precisaria atrair capital estrangeiro para financiar a expansão de sua atividade econômica, uma vez que não tem sido capaz de gerar poupanças (excedentes não gastos da renda) suficientes para o financiamento. No entanto, há muitos anos o Brasil tem sido um dos países que mais atraem Investimentos Diretos do exterior, colocando-se sempre entre os cinco principais destinos. Em 2022, o país apenas recebeu menos que Estados Unidos, China, Singapura e Hong Kong. Já no primeiro semestre de 2023, foi o segundo maior destino desses investimentos, atrás apenas dos Estados Unidos, absorvendo cerca de 6% de todo o Investimento Estrangeiro Direto feito no mundo (OECD, s.d.). No entanto, o ingresso de recursos financeiros não tem sido suficiente para compensar o "déficit" de poupança e investimento do país. Ambos têm se mantido em patamar baixo, inferior a 20% do PIB. No caso da poupança, por todos os anos do presente século (Ipea, s.d.).

4. A taxa de juros no Brasil   53

> **Investimentos Estrangeiros Diretos (IED)**
> A nomenclatura Investimentos Estrangeiros Diretos (IED), que integra o Balanço de Pagamentos do país, pode dar a impressão de que os recursos entrantes se destinam apenas ao aumento da capacidade produtiva de nossa economia. Mas não é isso o que normalmente acontece. O termo "investimento" perdeu há muito seu sentido. Desse modo, além dos empréstimos entre companhias, a compra de empresas (seja por fusões ou aquisições) e mesmo aquisições de participações no capital por empresas estrangeiras são contabilizadas como investimentos, pois se trata de "investimentos" estrangeiros em empresas no Brasil. Quando do auge dos processos de privatização, durante o governo de Fernando Henrique Cardoso, a expansão expressiva do IED implicou apenas a mudança do titular do patrimônio, do público ao privado e estrangeiro.

As justificativas para a manutenção de taxas de juros altíssimas no Brasil são muitas. Mesmo considerando que sua elevação tenha controlado o processo inflacionário recente (apesar de os motivos terem sido outros, especialmente devido à recomposição das cadeias produtivas), sua prática tem exercido impacto negativo sobre o crescimento econômico do país. Frente a isso, não há dúvida de que a diretriz da política monetária e a regulamentação do mercado de crédito devem criar as condições para fomentar o desenvolvimento econômico e social. Entre os principais desafios econômicos do Brasil, estão a redução da taxa básica de juros em termos reais e o enfrentamento do elevado custo de crédito e da inadimplência de seu mercado de crédito

5. O mercado de trabalho sob ataque

No mundo em que vivemos, a imensa maioria da população é assalariada, seja junto ao setor público, seja ao privado, e, no caso desse último, no mercado formal ou informal, no qual estão compreendidas todas as formas de trabalho precarizado, antigas ou recentes. Em termos estatísticos, são poucos aqueles que são donos dos meios de produção e, por isso, se "capacitam" a contratar trabalhadores. Da mesma forma, são poucos os que administram pequenos negócios familiares nas cidades ou no campo. A norma é o trabalho assalariado, que se generalizou sob o modo de produção capitalista. Para a ampla maioria, portanto, trabalhar para outrem é a única maneira de garantir renda, para com ela ter acesso a bens e serviços necessários à sobrevivência.

Desde o início da consolidação do sistema capitalista, os determinantes do mercado de trabalho foram objeto de atenção da ciência econômica e, como seria de esperar, de diferentes interpretações. Questões como o que determina o nível de emprego de uma economia (e, de seu oposto, o de desemprego), a relação entre salários (salários médios, salários-mínimos) praticados num país e o desemprego e a relação entre salários e lucros são temas que mobilizam a atenção e a paixão dos economistas há muito tempo.

O mercado de trabalho e o neoliberalismo

Nos últimos 40 anos, com a supremacia do pensamento neoliberal e a adoção da política econômica dele derivada na maioria dos países, firmou-se sua maneira de interpretar essas relações, e as conclusões neoliberais passaram a ser tratadas como verdades incontestáveis, principalmente nos meios de comunicação. É corrente a suposição de que o excesso de direitos concedidos aos trabalhadores encarece a produção, por exemplo, que reduziria a competitividade das empresas e, portanto, impediria a expansão da produção, ou que os direitos trabalhistas provocariam a redução da participação das empresas no mercado, gerando desemprego. Como consequência, segundo a ideia neoliberal, a restrição dos direitos trabalhistas permitiria maior dinamismo da economia, pois tornaria as empresas mais competitivas, resultando na ampliação de sua capacidade de produção e do nível do emprego.

O argumento se apoia na ideia de que o salário e os encargos associados à contratação do trabalhador constituem um custo ao empresário, abstraindo-se totalmente o papel do trabalhador na geração de novo valor no processo produtivo e a importância desse custo (a renda do trabalhador) na manutenção do consumo das famílias. Daí a defesa de que, se fossem reduzidos os custos do trabalho, o lucro tenderia a aumentar e, com isso, os empresários seriam estimulados a aumentar os investimentos e, em decorrência, contratariam mais trabalhadores. Essa linha de raciocínio geralmente esteve (e está) associada a ataques à Consolidação das Leis Trabalhistas (CLT), por meio da reafirmação de que ela engessaria os empresários e que seria preciso "modernizar" as relações entre o capital e o trabalho, isto é, a relação entre os empregadores e os trabalhadores.

De forma resumida, dois são os principais argumentos utilizados na defesa da flexibilização dos salários e da retirada de direitos dos trabalhadores: a CLT supostamente ser algo "velho", ultrapassado; e a consideração de que há uma relação direta entre nível salarial e emprego. A respeito do primeiro argumento, vale mencionar que ele não se confirma, pois a CLT, ao longo de sua história, passou por centenas de transformações. De acordo com Souto Maior (2016, *online*), "de um total de 625 artigos relacionados aos direitos materiais trabalhistas, apenas 278 não foram revogados expressamente por leis posteriores"; dos que restaram, muitos foram alterados pela Constituição Federal de 1988 ou por lei posterior.

Mas talvez mais importante que isso é dizer que o campo dos direitos trabalhistas (jornada de trabalho, férias, condições de trabalho, entre outros), bem como o nível salarial praticado em um país, são a manifestação acabada da força dos trabalhadores na disputa estabelecida com os empregadores pela partilha do excedente criado na produção. É disso que se trata. Se assim não fosse, nada explicaria a introdução do salário-mínimo, do piso salarial de categorias, da licença-maternidade e da licença-paternidade, apenas para lembrar alguns dos direitos conquistados pelos trabalhadores. Afinal, do ponto de vista do indivíduo capitalista, o ideal (tendo em vista o objetivo de reduzir custos) seria pagar o salário mais baixo possível, com longas jornadas de trabalho, sem "conceder" ao trabalhador nenhum direito. Esse ponto de vista capitalista nos remete ao segundo argumento.

Como mencionamos anteriormente, a ideia neoliberal é a de que aumentos de salário provocariam incrementos nos custos e isso inibiria as contratações, tendo efeito sobre o nível do emprego. Para que esse raciocínio se sustente é preciso que, entre outras coisas: não haja aumento da produtividade, ou seja, que ela seja constante; se considere que o fator determinante na geração de emprego seja o custo da produção, e não a expectativa de retorno do investimento (isto é, o lucro esperado do investimento realizado pelo capitalista); o nível salarial não tenha nenhuma influência sobre a demanda, de modo que a manutenção de salários baixos ou sua redução não influencie na demanda pela produção de bens que façam parte do consumo dos trabalhadores, mesmo que comprados a prazo.

Foi com base na lógica neoliberal sobre o mercado de trabalho que a reforma trabalhista brasileira foi aprovada em 2017, quando o país acabara de passar por um dos piores momentos econômicos de sua história e registrava taxas de desemprego recordes. Como foi apresentado no terceiro capítulo, no biênio de 2015-2016 a economia brasileira recuou cerca de 7% e a taxa de desemprego disparou. É nesse contexto que a reforma trabalhista foi apresentada pelo governo de Michel Temer como necessária e essencial à retomada dos empregos no país. Entre as medidas aprovadas na reforma, destacam-se: o fim do pagamento do imposto sindical; a prevalência do que é negociado entre a empresa e os trabalhadores sobre a legislação da CLT; a flexibilização das relações de trabalho, na medida em que amplia as formas de contratações (tempo parcial, trabalho intermitente e terceirização do trabalho), gerando menos custos ao empregador; e, no campo jurídico, a imposição de dificuldades de acesso dos trabalhadores à Justiça do Trabalho (diminuição do acesso à justiça gratuita e responsabilização do trabalhador dos custos em caso de perda total ou parcial do processo, inclusive dos honorários do advogado do empregador). Sobre essa última medida, o impacto não tardou: em junho de 2018, o número de ações ajuizadas nos seis primeiros meses havia caído 40,8% em comparação ao mesmo período de 2017, segundo o Tribunal Superior do Trabalho.

Após a aprovação dessas medidas, o então ministro da Fazenda, Henrique Meirelles, afirmou que a reforma trabalhista geraria mais de 6 milhões de empregos e que a taxa de desemprego cairia significativamente – o que não aconteceu, como veremos adiante.

O mercado de trabalho após a reforma trabalhista

Em 2012, a taxa média de desemprego foi de 7,4%, tendo reduzido nos anos seguintes, chegando a 6,9% em 2014. A partir da crise econômica de 2015-2016, a taxa passou a subir para 8,6%, em 2015; 11,7%, em 2016; e 12,9%, em 2017. Após a reforma trabalhista, apesar de ela apresentar leve diminuição, o desemprego continuou bastante alto e não conseguiu sequer retornar aos patamares observados no período de 2012-2014. Em 2018, a taxa de desemprego atingiu 12,4%, e 12,0% em 2019, conforme pode ser observado no Gráfico 5.1.

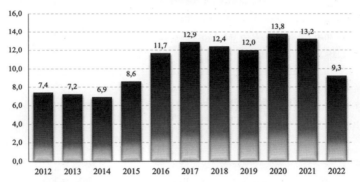

Gráfico 5.1 – Brasil: taxa média de desemprego, em % da PEA (2012-22)

Fonte: IBGE, PNAD Contínua. Elaboração própria.

Outros dados mostram que a situação do mercado de trabalho não melhorou após a reforma trabalhista. A taxa de pessoas desalentadas aumentou após 2017. Durante os anos de 2012 a 2014, as taxas foram de 1,9%, 1,8% e 1,5%, respectivamente. Como pode ser observado no Gráfico 5.2, houve elevação constante nos quatro anos seguintes, apresentando na sequência as taxas de 1,9% (2015); 3,2% (2016); 3,8% (2017) e 4,3% (2018), praticamente se mantendo em 2019 (4,2%) no mesmo patamar do ano anterior.

Dessa forma, ao contrário do que havia prometido o ministro Henrique Meirelles, apesar das flexibilizações das formas de contratação e da extinção de alguns direitos trabalhistas, a reforma no mercado de trabalho não melhorou a dinâmica no mercado de trabalho, nem gerou mais emprego.

> **Desalentados**
> Os desalentados são pessoas que gostariam de trabalhar e estariam disponíveis, porém, não procuram trabalho por julgarem que não o encontrariam. Vários são os motivos que levam as pessoas a desistir de procurar trabalho; entre eles, pode-se elencar: não encontrar trabalho na localidade; não conseguir trabalho adequado; não conseguir trabalho por ser considerado muito jovem ou idoso; não ter experiência profissional ou qualificação (IBGE, s.d., *online*).

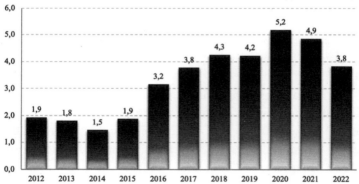

Gráfico 5.2 – Brasil: taxa média de desalentados, em % da PEA (2012-22)

Fonte: IBGE, PNAD Contínua.
Elaboração própria.

A relação entre nível salarial e a contratação

Para enfatizar que o nível do emprego e, portanto, do desemprego, é resultado de um conjunto de fatores, entre os quais se destaca a expectativa de lucro, mencionaremos três exemplos históricos. Trata-se de exemplos contrafactuais à ideia de que aumentos de salário resultam em taxa elevada de desemprego.

5. O mercado de trabalho sob ataque 61

Comecemos com algo recente na história de nosso país: entre 2002 e 2014, o salário-mínimo teve aumento real (isto é, acima da inflação) de 72,35% (Tabela 5.1). O aumento foi acompanhado por controle inflacionário, redução do desemprego e da informalidade, sendo, ainda, maior que o aumento da produtividade no período (33,46%) (Dieese, 2023). A política de valorização do salário-mínimo foi formalmente definida em 2011 e vigorou até 2019. Nos anos seguintes, durante seu governo, Jair Bolsonaro a aboliu. Em agosto de 2023, Lula a retomou.

Política de valorização do salário-mínimo
Em agosto de 2023, por iniciativa do Executivo, o Congresso Nacional aprovou que, a partir de 1º de janeiro de 2024, os reajustes anuais do salário-mínimo passariam a levar em conta a inflação medida pelo Índice Nacional de Preços ao Consumidor dos 12 meses anteriores, mais a taxa de crescimento real do Produto Interno Bruto. A política de valorização do salário-mínimo estava de volta.

Tabela 5.1 – Brasil: salário-mínimo (SM), variação nominal e real, de 2002 a 2014

Data do reajuste	Valor do SM em R$	Aumento % do SM	Inflação no período (%)	Aumento real % do SM
Abr/02	200,00	-	-	-
Abr/03	240,00	20,00	18,54	1,23
Mai/04	260,00	8,33	7,06	1,19
Mai/05	300,00	15,38	6,61	8,23
Abr/06	350,00	16,67	3,21	13,04
Abr/07	380,00	8,57	3,30	5,10
Mar/08	415,00	9,21	4,98	4,03
Fev/09	465,00	12,05	5,92	5,79
Jan/10	510,00	9,68	3,45	6,02
Jan/11	545,00	6,86	6,47	0,37
Jan/12	622,00	14,13	6,08	7,59
Jan/13	678,00	9,00	6,20	2,64
Jan/14	724,00	6,78	5,56	1,16
acumulado	-	**262,00**	**110,09**	**72,31**

Fonte: Adaptado de Dieese (2023, p. 3). Elaboração própria.

O aumento do salário-mínimo afeta muito mais que apenas os trabalhadores que o recebem, pois constitui piso dos benefícios previdenciários e assistenciais, e ainda constitui referência aos trabalhadores situados nos primeiros extratos da base da pirâmide salarial, seja do mercado formal, seja informal. Assim, quando se eleva o salário-mínimo, aumenta o benefício mínimo a ser recebido pela Previdência e Assistência. Para se ter uma dimensão disso, em 2022, apenas no Regime Geral da Previdência Social, 52,90% dos benefícios urbanos eram de valor igual a um salário-mínimo (13.947.449 de 26.361.691) e, entre os benefícios rurais, 98,46% (9.503.366 de 9.652.312).

O segundo exemplo, pouco conhecido do público em geral, diz respeito ao que aconteceu em 1914, na Henry Ford Company: o pagamento de cinco dólares ao dia aos trabalhadores da empresa (o dobro do que os concorrentes pagavam) e a redução da jornada diária de trabalho de nove para oito horas. Essas iniciativas, associadas ao aumento inacreditável de produtividade derivado da nova organização de trabalho implementada por Ford (que ficou conhecida como organização fordista do trabalho), resultaram em lucros crescentes e presença sem paralelo da empresa no mercado de automóveis. Com essas medidas, Ford fixou o trabalhador na fábrica (o setor enfrentava grandes dificuldades nesse campo) e evitou qualquer conflito que poderia surgir na aplicação das novas normas de trabalho. Como exemplo da produtividade, o próprio Ford afirmou que o tempo de montagem do chassi, que antes das medidas adotadas levava 12 horas e oito minutos, passou a levar apenas uma hora e 33 minutos (Ford, 1925).

Um terceiro exemplo contrafactual à noção neoliberal da relação salário e emprego diz respeito ao contexto dos países da Europa Ocidental durante os 30 anos gloriosos do capitalismo. Esse período teve início no pós-Segunda Guerra Mundial e terminou em meados da década de 1970. A partir de 1945, a reconstrução da Europa Ocidental foi o principal objetivo dos Estados Unidos e dos países que ficavam de fora da influência da

União Soviética. Durante três décadas, prevaleceu o compromisso estabelecido entre Estado, empresários e trabalhadores de partilhar a produtividade advinda da adoção dos métodos fordistas em território europeu, garantindo aumentos de salário reais e extensão da proteção social (*Welfare State*), de um lado, e, de outro, taxas de lucro crescentes (Marques, 2021).

Esse compromisso resultou no melhor período de crescimento econômico da história do capitalismo e do mercado de trabalho. A economia atuava a quase pleno emprego. Na Tabela 5.2, é possível ver que a média de crescimento do PIB no período entre 1950 e 1973 foi significativamente mais alta que nos anos anteriores. Enquanto a França havia crescido 1,63% a.a. entre 1870-1913, e 1,15% a.a. entre 1913-1950, no período de 1950 a 1973 a média anual de crescimento foi de 5,02%. A Alemanha, por sua vez, que nos períodos de 1870-1913 e 1913-1950 apresentara uma média anual de crescimento de 2,81% e 1,06%, respectivamente, cresceu 5,99% a.a. entre 1950 e 1973. O crescimento econômico não se restringiu ao continente europeu. O Japão, que no período entre 1913 e 1950 crescera à taxa anual de 2,24%, entre 1950 e 1973 cresceu 9,24%. Os Estados Unidos, que apresentara expansão de 2,84% a.a., entre 1913 e 1950, ampliou seu crescimento no período de 1950 a 1973, alcançando uma média de 3,92% a.a.

Tabela 5.2 – Produto Interno Bruto: taxas anuais médias de crescimento (%) em países selecionados, de 1870 a 1973

País	1870-1913	1913-1950	1950-1973
Estados Unidos	3,94	2,84	3,92
França	1,63	1,15	5,02
Alemanha	2,81	1,06	5,99
Holanda	2,20	2,43	4,74
Reino Unido	1,90	1,19	2,96
Japão	2,34	2,24	9,25

Fonte: Maddison (1995) *apud* Saes e Saes (2013).

O período de 30 anos posterior à Segunda Guerra Mundial também foi o que apresentou as maiores conquistas de direitos trabalhistas na história do capitalismo. O Estado de bem-estar social foi constituído em diversos países, cada um a seu modo, mas de maneira geral envolvia direitos nas áreas da saúde, educação, trabalho e previdência social. Foi um período específico da história do capitalismo no qual a luta dos trabalhadores dos países desenvolvidos estava organizada e com força para garantir conquistas de direitos sociais. Para termos uma noção da força e grandeza de tais conquistas, depois de mais de 40 anos, o neoliberalismo ainda tenta desmantelar o que foi erigido no que tange a direitos sociais no pós-Segunda Guerra Mundial. Apesar dos avanços que obteve, alterando algumas condições de acesso à aposentadoria e mesmo aos cuidados com a saúde, o neoliberalismo continua a enfrentar a resistência dos sistemas públicos. O período do pós--guerra constitui, assim, mais uma evidência histórica das maneiras pelas quais as sociedades que promovem aumentos salariais a seus trabalhadores e asseguram uma gama de direitos sociais podem ter crescimento econômico.

Na verdade, os três exemplos expostos mostram que o nível salarial não é um impeditivo ao crescimento econômico, e que este resulta de um conjunto de fatores. É um reducionismo tomar a percepção do empresário individual mediano como o determinante do que acontece no plano macroeconômico.

6. Desigualdade, justiça social e crescimento

O Brasil é um dos países mais desiguais do mundo. O Banco Mundial aponta que apenas oito países têm distribuição de renda pior do que a brasileira. Além da concentração da renda e da riqueza, a desigualdade no país pode ser constatada por meio de outros aspectos, como pela estrutura fundiária e pelo mercado de trabalho, mas também pela raça, pois são inúmeras as pesquisas e depoimentos que indicam o tratamento diferenciado e pior às pessoas de fenótipos preto ou pardo (negros), entre outras manifestações da desigualdade socioeconômica no país. Todas as manifestações de desigualdade são obstáculos para um desempenho contínuo de crescimento na economia, além de absolutamente injustas e opostas à coesão social.

Em tempos neoliberais, nos quais há muitos entraves impostos à utilização das políticas fiscal e monetária para a promoção de crescimento econômico, a melhoria das condições de vida da população brasileira se torna fundamental para uma melhor direção da dinâmica econômica, e certamente a diminuição das desigualdades contribui para um melhor crescimento da economia nacional.

Distribuição de renda

Em 2021, considerando a renda da população 10% mais rica, o Brasil figurou como o nono país mais desigual em termos de distribuição da renda total gerada em território nacional em uma lista de mais de 190 países, figurando à frente apenas da Colômbia e de mais sete países do continente africano. Nesse ano, os 10% dos brasileiros mais ricos concentravam 39,4% do total da renda (UNDP, 2022). O quadro piora quando se considera o 1% mais rico, pois o país se torna o quarto mais desigual, ficando melhor posicionado apenas em relação ao México na América Latina e Caribe. Esses mais ricos acumulavam 25,7% do total da renda nacional, enquanto os 40% mais pobres recebiam apenas 13,2% dela. No ranking da faixa de renda mais baixa, o Brasil se posicionou como 13º mais desigual (UNDP, 2022).

Crescimento e concentração de renda

Entre 1900 e 1973, o Brasil foi o país que mais cresceu economicamente no mundo, segundo o Instituto de Estudos de Desenvolvimento Industrial (Iedi, 2003). Apesar do desempenho econômico, a renda no país se manteve concentrada, apresentando em muitos momentos piora em seus índices. Por exemplo, no período conhecido como "Milagre Econômico Brasileiro" (1968-1973), a economia brasileira cresceu em média mais de 11% ao ano, enquanto a distribuição de renda piorou. O índice de Gini foi de 0,497, em 1960, para 0,562, em 1970, chegando a 0,622 em 1973. Destacamos que, no caso desse indicador, que varia entre 0 (quando os habitantes recebem rendas exatamente iguais) e 1 (quando apenas uma pessoa recebe toda a renda gerada), quanto mais próximo de 1, mais desigual é a distribuição de renda.

Caso a renda fosse mais bem distribuída, haveria ampliação do consumo e, portanto, expansão do mercado interno, o que auxiliaria no crescimento econômico. Isso porque grande parte da renda das pessoas de rendimento mais baixo é destinada ao consumo. Como se sabe, os investimentos são determinados pela expectativa de lucro, e essa expectativa do empresariado é formada a partir da avaliação da capacidade de absorção do aumento produtivo, derivado dos investimentos, pela demanda. Em outras palavras, uma expansão da demanda interna terá efeito positivo sobre o investimento.

Desigualdades no mercado do trabalho

Historicamente, o mercado de trabalho brasileiro é marcado pela desigualdade. Isso se deve ao grau de informalidade presente ao longo da história na economia, às diferenças de rendimento entre os trabalhadores e ao elevado nível de subutilização da força de trabalho. Todavia, entre o período de 2003 a 2014, houve redução da desigualdade de renda devido a um conjunto de medidas, como a valorização real do salário-mínimo e o Programa Bolsa Família. Essa tendência de melhora foi freada com a recessão econômica do biênio 2015-2016, com as mudanças da conjuntura política e com a reforma trabalhista de 2017.

O trabalho informal no Brasil sempre foi significativo no total das ocupações da economia brasileira. Mas, após a reforma trabalhista, a proporção de trabalhadores informais aumentou significativamente, passando a registrar recordes em números absolutos. Em 2019, o número de trabalhadores informais foi o mais alto visto até então, 38,8 milhões (CUT, 2023). Como pode ser visto no Gráfico 6.1, nesse mesmo ano a taxa de informalidade chegou a 40,4% do total dos trabalhadores do país. Antes disso, em 2013, a taxa era de 37,4% e teve aumentos significativos a partir de 2016 (38,3%), em 2017 (39,2%) e em 2018 (40,4%).

Além da ampliação da informalidade, outro efeito negativo decorrente da reforma trabalhista foi o aumento da taxa de subutilização da força de trabalho no mercado de brasileiro.

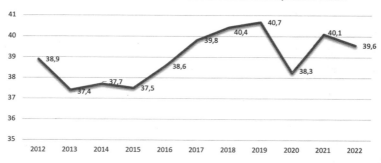

Gráfico 6.1 – Brasil: Taxa de informalidade, 2012-2022

Fonte: IBGE – PNAD Contínua.
Elaboração própria.

> **Trabalhador informal e trabalhador subutilizado**
> De acordo com o IBGE, os trabalhadores informais são aqueles que estão empregados no setor privado sem carteira assinada, incluídos os que estão no trabalho doméstico sem carteira, os que trabalham por conta própria, ou são empregadores e não possuem CNPJ. Os trabalhadores informais são os mais vulneráveis no mercado de trabalho, pois não estão respaldados por nenhum tipo de direito. Não estão cobertos pelos principais direitos previstos nas leis trabalhistas (CLT), como FGTS, férias e décimo terceiro, sendo mais facilmente dispensados de seus empregos, e não têm nenhum tipo de vínculo previdenciário.
> Os subutilizados são os desocupados, os desalentados – que desistiram de buscar trabalho, mas estão disponíveis para trabalhar – e os subocupados são aqueles que estão nessa situação por insuficiência de horas trabalhadas.

Em 2016, ano em que a economia brasileira recuou 3,3% e momento em que ocorreu uma das piores recessões da história, a taxa de subutilização alcançou o percentual de 20,98%. Após a aprovação da reforma trabalhista, a taxa começou a subir ainda mais. No ano de 2017, ela subiu para 23,85%; em 2018, alcançou 24,35%; e, em 2019, 24,23%. Vale destacar que, em 2014, a taxa média de subutilização da economia brasileira atingiu 15,05%, o menor nível entre 2012 e 2022, como mostra o Gráfico 6.2.

Gráfico 6.2 – Brasil: Taxa média de subutilização (%) (2012-22)

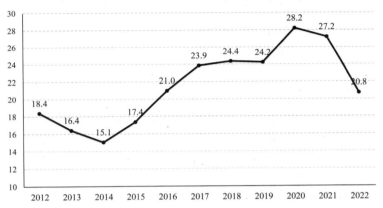

Fonte: IBGE – PNAD Contínua.
Elaboração própria.

A reforma trabalhista, ao instituir o contrato de trabalho intermitente, gerou aumento das subocupações, que não entram na taxa de desocupação. Essa forma de contratação legitima o "bico" como um trabalho formal, estabelecendo "um vínculo de trabalho que permite à empresa pagar somente as horas de efetivo serviço, deixando o trabalhador sempre à disposição, 'resolvendo' um problema de fluxo de trabalho dos empregadores" (Dieese, 2017, p. 4). Por isso, é indispensável olhar para a taxa de subutilização quando analisamos o desempenho do mercado de trabalho, principalmente após a reforma trabalhista, que estimulou a criação de empregos precários.

> **Contrato de trabalho intermitente**
>
> Segundo o Dieese (2017, p. 3-4), o trabalho intermitente e suas regras são definidos "como contrato de trabalho no qual a prestação de serviços, com subordinação, não é contínua, ocorrendo com alternância de períodos de prestação de serviços e de inatividade, determinados em horas, dias ou meses, independentemente do tipo de atividade do empregado e do empregador, inclusive as disciplinadas por legislação específica. Regras: 1) contrato por escrito com a definição do valor da hora de trabalho que não pode ser inferior ao salário mínimo ou à função equivalente no mesmo estabelecimento; 2) o empregador convocará o empregado para a prestação do serviço por qualquer meio de comunicação eficaz, com pelo menos 3 dias de antecedência; 3) o empregado terá um dia útil para responder ao chamado; 4) caso aceite a oferta, a parte que descumprir, sem justo motivo, pagará, à outra parte, multa de 50% da remuneração devida; 5) o período de inatividade não será considerado tempo à disposição do empregador e o trabalhador poderá prestar serviços a outros contratantes; 6) o pagamento será realizado ao fim de cada período de prestação de serviços (remuneração; férias proporcionais; 13° salário; descanso semanal remunerado [DSR]; adicionais legais); 7) será recolhido o FGTS; 8) a cada 12 meses, o empregado adquire o direito a usufruir um mês de férias".

Também o mercado de trabalho formal não escapa das desigualdades. Em 2021, conforme descreve a Tabela 6.1, o número de trabalhadores formais era de 48,7 milhões, dos quais 33,4 milhões ganhavam até três salários-mínimos e desses, 3,5 milhões até um salário-mínimo. Apenas 2,1 milhões recebiam mais do que dez salários-mínimos. Se levarmos em consideração que o Dieese estimava que seria necessário um salário de 5.800,98 reais para manter uma família com dois adultos e duas crianças, menos que 13% dos trabalhadores formais do Brasil recebiam esse valor em 2021. Em outras palavras, para a maioria das famílias seria necessário que mais de um membro trabalhasse.

Tabela 6.1 – Brasil: Trabalhadores formais, por faixa de salário-mínimo* (2021)

Faixa de remuneração em Salário-mínimo	Número de trabalhadores	Participação no total de trabalhadores formais
Até 1 SM	3.491.794	7,20%
De 1 até 3 SM	29.885.381	61,30%
De 3 até 5 SM	6.204.407	12,70%
De 5 até 10 SM	4.319.807	8,90%
Mais de 10 SM	2.139.902	4,40%
Não classificados	2.687.580	5,50%
Total	48.728.871	100,00%

Fonte: Rais (2021). Elaboração dos autores.
(*) O salário-mínimo nacional, em dezembro de 2021, era de 1.100,00 reais.

A diminuição da informalidade, da taxa de subutilização e o aumento real da remuneração dos trabalhadores formais certamente fortaleceriam a demanda da economia e, se acompanhados de ganhos de produtividade, poderiam incentivar a ampliação dos investimentos produtivos e, consequentemente, o crescimento econômico.

Estrutura fundiária no Brasil

A estrutura fundiária no Brasil é extremamente concentrada. Fruto de nosso passado colonial, foi constituída na sua origem para uma produção em larga escala de produtos primários destinados ao mercado externo. No século XIX, com o país já formalmente emancipado politicamente, o papel da economia brasileira no cenário econômico mundial não passou por mudanças estruturais. A grande propriedade tinha como objetivo a produção e a oferta de gêneros alimentícios para a constituição da classe trabalhadora europeia e para provisão de matérias-primas a preços baixos ao desenvolvimento industrial dos países centrais.

Ao longo do século XX, o Brasil experimentou um profundo processo de industrialização. No final dos anos 1960, quando máquinas e equipamentos começaram a ser inseridos na produção agropecuária com maior intensidade, a terra foi um fator de produção que continuou concentrado nas mãos de poucos. Apesar dos avanços legais, expressos no Estatuto da Terra de 1964, na Constituição de 1988 e na Lei Agrária de 1993, que objetivavam maior democratização do acesso à terra, ela efetivamente não aconteceu. Ao contrário, a estrutura fundiária tendeu a se concentrar ainda mais.

Ao se comparar as estruturas fundiárias de 2006 e de 2017, nota-se que a concentração fundiária se acentuou. Apesar de ter crescido o número total de imóveis de área menor a cem hectares, eles perderam participação na área total do país. Já os imóveis com mais de mil hectares aumentaram sua participação (Tabelas 6.2 e 6.3).

Tabela 6.2 – Brasil: Estrutura fundiária em 2006

Tamanho do imóvel	Número de imóveis	Participação no total	Área (ha)	Participação no total
Menos de 100 hectares	4.448.751	90,41%	70.692.756	21,19%
- Menos de 10 ha	*2.477.151*	*50,34%*	*7.798.777*	*2,34%*
- De 10 a menos de 100 ha	*1.971.600*	*40,07%*	*62.893.979*	*18,85%*
De 100 a menos de 1.000 ha	424.288	8,62%	112.844.186	33,82%
1.000 ha ou +	47.578	0,97%	150.143.096	45,00%
Total	4.920.617	100,00%	333.680.038	100,00%

Fonte: Censo agropecuário (2006) – IBGE e Assunção e Depieri (2021). Elaboração própria.

Considerando a estrutura fundiária mais recente, conforme pode ser observado na Tabela 6.3, em 2017, havia quase cinco milhões de imóveis rurais. Contudo, essa estrutura era extremamente

6. Desigualdade, justiça social e crescimento

desigual: 90,55% dos imóveis tinham área inferior a 100 hectares e ocupavam 20,44% da área total de terras; no extremo oposto, apenas 1,02% dos imóveis tinham área superior a mil hectares, mas detinham 47,60% da área rural do país.

Tabela 6.3 – Brasil: Estrutura fundiária em 2017

Tamanho do imóvel	Número de imóveis	Participação no total	Área (ha)	Participação no total
Menos de 100 hectares	4.524.365	90,55%	71.804.614	20,44%
- Menos de 10 ha	*2.543.681*	*50,91%*	*7.993.968*	*2,28%*
- De 10 a menos de 100 ha	*1.980.684*	*39,64%*	*63.810.645*	*18,16%*
De 100 a menos de 1.000 ha	420.719	8,42%	112.257.692	31,96%
1.000 ha ou +	51.203	1,02%	167.227.510	47,60%
Total	4.996.287	100,00%	351.289.815	100,00%

Fonte: Censo agropecuário (2017), IBGE e Assunção e Depieri (2021).
Elaboração própria.

A concentração de terras no Brasil contrasta com o número de pessoas que vive no campo sem um pedaço de terra próprio. De acordo com o Movimento dos Trabalhadores Rurais Sem Terra (MST), são aproximadamente 100 mil famílias que vivem acampadas sem a posse da terra e em condições precárias para sua produção (Hadich, 2023).

Uma política de distribuição de terras no país, que inserisse essas 100 mil famílias em produções agrícolas, auxiliaria no melhor desempenho do crescimento econômico. Além de gerar maior produção, essas famílias teriam seu potencial de consumo fortalecido, uma vez que, ao comercializarem parte de sua produção, disporiam de mais renda, podendo induzir investimentos locais em outros setores, como os de comércio e serviços e até de indústria para atender às novas demandas que seriam geradas.

A política de reforma agrária é uma política que dinamiza o próprio desenvolvimento capitalista. Não é à toa que muitos países desenvolvidos passaram por alguma reforma agrária. Stedile (2020) menciona que a distribuição de terras nos Estados Unidos, no século XIX, criara um mercado consumidor enorme para o desenvolvimento industrial. Veiga (1991) lembra que o Japão e a Coreia do Sul passaram por reformas agrárias em meados do século XX, inclusive fazendo uso de desapropriação de terras. A distribuição de terras nesses dois países foram fundamentais ao crescimento das respectivas rendas nacionais.

As desigualdades no Brasil têm raízes em seu passado. Foram forjadas ainda no período colonial, e suas estruturas alcançam a realidade concreta do país nos dias de hoje. A superação das desigualdades em um país de capitalismo dependente como o Brasil não é tarefa simples, uma vez que em muitos momentos da história essas desigualdades serviram como instrumento para os ganhos das classes dominantes. As baixas remunerações recebidas pelos trabalhadores, as precárias condições do mercado de trabalho e a concentração de terras nas mãos de poucos são alguns dos exemplos de como é *modus operandi* do capitalismo por aqui.

Após um período de melhora nos indicadores sociais, como foram os dois primeiros governos de Lula e o primeiro de Dilma, os problemas sociais voltaram a se acentuar nos últimos anos, com a crise do biênio 2015-2016, a ascensão dos governos Temer e Bolsonaro, e a crise de covid-19. Em 2023, Lula voltou ao poder para seu terceiro mandato, renovando as esperanças de que políticas que visam a dignidade do povo brasileiro sejam colocadas em prática e ainda auxiliem no fortalecimento da demanda da economia, fornecendo bases mais sustentáveis para o crescimento econômico.

7. O papel indutor do Estado na economia

Ao contrário do que é afirmado, comumente, pelo pensamento neoliberal e a força de sua difusão, o Estado é uma instituição essencial ao capitalismo. Não só para que a economia funcione, isto é, para que negócios se expandam e tenham rentabilidade adequada – para que o capital se reproduza de forma ampliada –, mas ele também foi e ainda é essencial na criação das bases materiais para que desafios sejam superados, determinando, por meio de sua ação, muitas vezes direta, a estrutura produtiva da sociedade do amanhã.

Quando nos debruçamos sobre a formação econômica de importantes países (hoje chamados "desenvolvidos"), vemos que, em diferentes momentos, a ação do Estado foi fundamental para consolidar, por exemplo, seus respectivos processos de industrialização. Esse foi o caso da Alemanha no século XIX: graças a um conjunto de ações realizadas e coordenadas pelo Estado, rapidamente o país deixou de ser atrasado, e passou a rivalizar com França e Inglaterra (Kemp, 1985). Mais recentemente, no mesmo país, destacamos a liderança e o engajamento do Estado no desenvolvimento tecnológico da indústria, o que veio a ser chamado "indústria 4.0". Se recuarmos um pouco no tempo, é destacável o papel exercido pelo Estado, nos Estados Unidos, na reestruturação de sua indústria bélica nos anos 1990 e no início dos 2000 (Mampaey e Serfati, 2005).

No Brasil, conforme sabem aqueles que não se esqueceram de sua história, a industrialização do país só foi possível mediante intervenção do Estado, durante os governos de Getúlio Vargas e a ditadura miliar, conforme abordaremos com mais profundidade no oitavo capítulo deste livro. Vargas, um estadista, além de regulamentar o trabalho assalariado urbano, investiu pesadamente para instalar indústrias de base da matriz produtiva, cujos ecos ainda ouvimos por meio da Petrobras – apesar dos avanços da lógica de mercado e de finanças em sua gestão e composição acionária. Já a respeito de outras empresas criadas nesses dois períodos, a maioria delas foi privatizada a partir dos anos 1990, especialmente nos governos de Fernando Henrique Cardoso.

Razões e formas de indução do Estado

A intervenção estatal é um importante fator para dinamizar a economia quando ela está em processo de diminuição do ritmo de seu crescimento ou quando está em recessão. No último caso, se sua ação não é suficiente para relançar a economia, pelo menos impede que ela se retraia ainda mais, atuando como um colchão amortecedor. Durante a crise provocada pela pandemia de covid-19, os gastos expressivos realizados pelos países atuaram exatamente nesse sentido. As ações realizadas nessas situações compreendem aquilo que os economistas chamam de políticas anticíclicas. Chamam-se assim porque atuam no sentido oposto do ciclo recessivo, estagnado ou de baixa.

De outra qualidade é a atuação do Estado quando tem como propósito a construção das bases de uma nova sociedade, quando atua hoje para construir o futuro. Isso implica a realização de políticas de Estado que, assumidas pela sociedade por meio dos representantes de sua pluralidade de interesses, deveriam prosseguir independentemente do governo "de plantão" no momento.

7. O papel indutor do Estado na economia   77

Essa modalidade de atuação do Estado é mais fácil de ser percebida quando se trata de seus investimentos, mas não se reduz a isso. Por exemplo, em ambas as situações mencionadas anteriormente a respeito da Alemanha, o fortalecimento da educação foi alçado enquanto uma prioridade. A isso se somam incentivos fiscais, protecionismo, acesso a juros diferenciados, entre outros benefícios.

Mas falemos de investimentos. Não há dúvida de que o investimento público é um importante instrumento, uma forma de intervenção do Estado que, se bem gerenciada, pode gerar empregos diretamente e levar a novos investimentos privados, os quais tenderão a gerar mais empregos.

A importância dos investimentos na dinâmica da economia pode ser percebida a partir de um exemplo abstrato. Suponhamos que o Estado decida realizar uma obra pública. Para isso, precisará de pessoal técnico capacitado para organizar e fazer o planejamento da construção. Além disso, é bem provável que contrate uma ou mais empresas para a realização da obra. As empresas terão de realizar seus próprios investimentos na aquisição de máquinas, equipamentos, ferramentas, materiais de construção e mão de obra, gerando novos empregos. Além disso, as empresas realizadoras das obras precisarão de outros produtos que serão demandados de outras empresas, as quais, por sua vez, também serão induzidas a realizarem novos investimentos, contratando mais trabalhadores.

Em nosso caso hipotético, a ação do Estado, mediante investimento público, fomenta investimentos privados e, se isso for feito em uma escala ampliada, tem potencial para propiciar o crescimento da economia do país.

É claro que os efeitos expansivos desse investimento sobre as demandas derivadas e sobre a dinâmica do crescimento econômico (os economistas chamam esse processo de *efeito multiplicador do investimento*) serão os mesmos se o investimento inicial for privado ou público, mas o investimento privado necessita de uma sinalização da economia que garanta forte possibilidade de gerar mais lucro. Já o investimento público é induzido não pelo afã do lucro, mas sim pelas necessidades da sociedade, inclusive da economia. Dessa forma, diferente do investimento privado, o investimento público pode ter como fator motivador a necessidade de ser anticíclico, pois, durante crises econômicas, quando as condições de realização de investimento privado se deterioram drasticamente, o investimento público pode reverter a crise com seus efeitos multiplicadores de renda e emprego.

Investimento público *versus* investimento privado

Na literatura econômica, são encontrados autores autodenominados liberais que defendem que uma redução dos investimentos públicos possibilita o crescimento dos investimentos privados de modo a ocuparem essa lacuna criada. Porém, economistas de outras vertentes de pensamento, como os pós-keynesianos, entendem que o investimento público possui papel determinante para o desempenho de curto e de longo prazo. Além de se concentrarem em áreas que demandam elevado montante de recursos e elevada incerteza sobre os respectivos retornos econômico-financeiros –, como, por exemplo, a expansão da infraestrutura de transportes –, os investimentos públicos possuem um papel anticíclico em momentos de queda ou retração do ritmo do crescimento econômico e deterioração das expectativas.

Em geral, os investimentos públicos e de empresas estatais são direcionados para áreas com cadeias produtivas longas e intensivas em mão de obra, além de possuírem grande efeito multiplicador e indutor dos investimentos privados. Logo, essa segunda vertente de pensamento econômico compreende que os investimentos públicos e os privados não são excludentes, mas, sim, complementares, tendo apenas motivações diferentes, especialmente porque ocorrem em momentos e segmentos distintos da economia. Em geral, o investimento público ocorre em áreas e condições de atuação que não são atraentes para o setor privado, mas que muitas vezes precisam deste investimento para viabilizar seus próprios investimentos, sendo, portanto, complementares.

Ou, como mencionamos, o investimento público, ao ser realizado em determinados setores de atividades e pressupor o uso e o desenvolvimento de determinadas tecnologias, tem como propósito incentivar ou induzir o investimento privado a se somar a ele, reestruturando a economia do país em médio e longo prazo. Tal como no passado, o Estado torna-se o avalista do processo, dado que o setor privado dificilmente se aventura em projetos de longo prazo.

O investimento público na simplificação dos meios de comunicação

O pensamento econômico neoliberal, divulgado e defendido de forma simplificada pelos meios de comunicação, entende que a intervenção estatal atrapalha o dinamismo da economia, uma vez que o Estado interfere nas leis do mercado, supostamente atrapalhando o cálculo empresarial e não deixando a lei da oferta e da procura fluir de maneira natural. Além disso, a intervenção do Estado, como o investimento público, pode gerar efeitos negativos como inflação e inibição dos investimentos privados. A intervenção do Estado, ao quebrar o transcorrer natural do livre mercado, faria com que a demanda crescesse além do nível definido pela economia nesse momento, pressionando os preços para cima. Como consequência, desincentivaria os empresários a investir, o que dificultaria as contratações e atrapalharia a evolução natural da economia.

O período recente e as perspectivas para os próximos anos

Desde 2015 a economia brasileira tem apresentado um fraco e instável crescimento, e isso está relacionado tanto aos baixos patamares de investimento público na porcentagem do PIB quanto aos investimentos privados que não cresceram de forma suficiente para ocupar a lacuna criada pela redução do investimento público, frustrando as expectativas sobre o desempenho da economia do país.

Diante desse contexto de baixas expectativas de crescimento econômico, fraco investimento privado, alto desemprego e redução da renda, em 2023 o terceiro governo de Lula lançou o Novo Programa de Aceleração do Crescimento (Novo PAC), com o objetivo de resgatar o papel indutor do setor público, municipal, estadual e federal em impulsionar investimentos privados. As diretrizes do Novo PAC estão diretamente relacionadas à promoção do crescimento, do emprego e da renda, além da preocupação com avanços, melhorias tecnológicas e de produtividade em diferentes setores de atividade. Para isso, o programa tem como base a agenda de desenvolvimento sustentável, em termos regionais e locais, sociais e ambientais.

O Novo PAC projeta um montante de 1,7 trilhão de reais de investimentos públicos, privados e de empresas estatais, como a Petrobras, no período de 2023 a 2026. O programa considerou nove eixos de desenvolvimento, conforme apresentado na Figura 7.1:

Figura 7.1 – Os nove eixos de investimentos do Novo PAC

Fonte e elaboração: Casa Civil, Governo Federal e BNDES.

Os projetos considerados em cada um dos eixos objetivam criar condições para o enfrentamento de diversos desafios, tais como:

a) promover a segurança alimentar.
b) potencializar a transição energética, a economia circular e a descarbonização, principalmente para combater a emergência climática.
c) fomentar a neoindustrialização, inovações e avanços tecnológicos.
d) impulsionar investimentos em infraestrutura, especialmente de transporte, saneamento, energia e social (hospitais, escolas, postos de saúde, habitação etc.).
e) promover a universalização da conectividade e da digitalização.

A elaboração do Novo PAC e sua implementação contam com uma participação direta do Banco Nacional de Desenvolvimento Econômico e Social (BNDES). Historicamente, o BNDES possui papel essencial na oferta de linhas de crédito em condições compatíveis com a viabilidade econômico-financeira de projetos de investimento em diferentes atividades econômicas, especialmente os de longo prazo e com elevado montante de recursos envolvidos. Conforme é mostrado no Gráfico 7.1, após um aumento significativo nos desembolsos do BNDES, entre 2007 e 2014, superando 300 bilhões de reais em diversos anos, no período subsequente, de 2015 a 2022, o banco apresentou uma redução de seu volume de financiamento para cerca de 70 bilhões de reais ao ano. No entanto, no terceiro mandato do presidente Lula, a expectativa é de uma retomada do aumento de seus desembolsos ao longo dos anos, até o término da vigência de seu governo, em 2026.

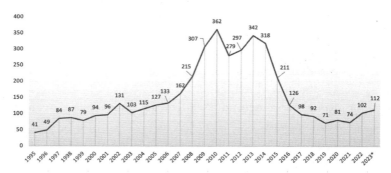

Gráfico 7.1 – Evolução dos desembolsos do BNDES*, em bilhões de reais de setembro de 2023

Fonte e elaboração: BNDES.
(*) Acumulado em 12 meses até setembro de 2023.

A viabilização e a implementação do Novo PAC, por meio da participação direta dos bancos públicos, especialmente do BNDES, no seu financiamento, parecem essenciais ao desenvolvimento econômico, com responsabilidade socioambiental, de curto e de longo prazo. Vale mencionar que essa agenda também considera uma maior participação do setor privado em concessões e Parcerias Público-Privadas (PPPs), tanto por meio de projetos e linhas de financiamento quanto reduzindo riscos econômicos, jurídicos e regulatórios. Assim, o objetivo é que o Estado retome seu papel indutor do investimento na economia brasileira para promover o desenvolvimento econômico, regional e socioambiental.

8. A urgência de reindustrializar o país

A industrialização brasileira se iniciou no final do século XIX, ainda de maneira incipiente. Nas primeiras décadas do século XX, apresentou trajetória crescente, principalmente devido à transferência de capital de setores ligados à agropecuária exportadora para o setor industrial. Para isso, foi importante a atuação de diferentes governos, mediante proteções pontuais a determinados mercados, bem como choques externos, que deram impulso para que a economia nacional se tornasse mais autossuficiente em manufaturados. Mas foi na década de 1930 que o processo de industrialização brasileiro deu seu primeiro grande salto qualitativo.

> Getúlio Dornelles Vargas liderou a chamada Revolução de 1930 e esteve no poder em dois mandatos, de 3 de novembro de 1930 a 29 de outubro de 1945, e de 31 de janeiro de 1951 a 24 de agosto de 1954. Além da industrialização, Getúlio é lembrado por introduzir e regulamentar o trabalho assalariado, sendo responsável pela Consolidação das Leis Trabalhistas, conhecida por sua sigla, CLT.

Ao longo dos anos 1930, o Brasil passou por um surto industrializante em que houve significativo aumento da produção industrial em setores preexistentes e avanço em outros que possuíam pouca presença internamente, como o de bens de capital. Com a chegada de Getúlio Vargas ao poder, em 1930, o governo brasileiro alterou sua atuação quantitativa e qualitativamente na economia. Uma série de medidas foram tomadas e muitas reformas institucionais foram realizadas com vistas à industrialização. Entre elas, podemos destacar: a instituição da carteira de Crédito Agrícola e Industrial do Banco do Brasil; a reforma educacional, com a criação de cursos técnicos e profissionalizantes voltados para a formação de mão de obra para a indústria; a regulamentação de leis relativas ao mundo do trabalho; políticas fiscal, monetária e cambial intencionalmente direcionadas ao desenvolvimento nacional e a industrialização do país; e a criação, já no início da década de 1940, da Companhia Vale do Rio Doce e da Companhia Siderúrgica Nacional.

Getúlio Vagas voltou ao poder em 1951 e, além de dar continuidade ao crescimento industrial do país, colocou em prática medidas que deram novas bases para o avanço sustentado do processo de industrialização. É em seu segundo governo que foram criadas empresas e instituições centrais para o profundo processo de industrialização que o país iria experimentar a partir da segunda metade da década de 1950. São elas: a Petrobras, o BNDES e o projeto de criação da Eletrobras.

Essas mudanças institucionais foram fundamentais para o crescimento econômico que ocorreria em períodos posteriores. Um deles ocorreu sob o comando do Plano de Metas do governo Juscelino Kubitschek (1956-1961), quando a economia brasileira cresceu em média 8,2% ao ano, e o outro, conhecido como Milagre Econômico Brasileiro (1968-1973), período de maior crescimento da história do país, quando o PIB cresceu em média mais de 11% ao ano. Vale mencionar também a experiência do II Plano Nacional de Desenvolvimento (II PND), vigente de

1974 a 1979. Embora, em termos de crescimento econômico, esse período tenha sido inferior aos outros (6,71% ao ano), destaca-se por sua ousadia na busca por independência econômica em setores de infraestrutura energética e no setor petroquímico. Em todos esses períodos o crescimento econômico foi especialmente impulsionado pela expansão da indústria de transformação. Durante o Plano de Metas, ela cresceu em média 10,2% ao ano; no Milagre, 13,3%; e no II PND, 6,5% ao ano (Gráfico 8.1). Nos dois primeiros períodos mencionados, sua média de expansão foi superior à do PIB, e no terceiro o crescimento foi praticamente o mesmo do PIB. Sem falar do aumento expressivo ocorrido no período anterior a 1956.

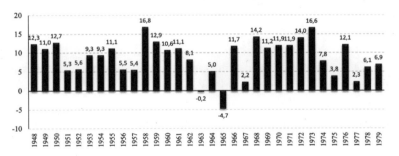

Gráfico 8.1 – Brasil: PIB da indústria de transformação (%) (1948-1979)

Fonte: IBGE e Ipeadata.
Elaboração própria.

O significativo crescimento da indústria de transformação resultou no aumento gradual de sua participação no PIB. O ápice dessa participação ocorreu em 1985, quando essa atividade foi responsável por 21,8% do total produzido no país (Gráfico 8.2). Vale destacar que, segundo Castro e Souza (1985, p. 56), "o país começava a chegar ao término da longa jornada iniciada em 1974. Com efeito, nos anos 1983 e 1984 viriam à tona, em massa, e provocando verdadeiros saltos de oferta, efeitos da estratégia de 74", isto é, do II PND. Depois dessa última experiência, o Brasil nunca mais presenciou planos econômicos de grande magnitude visando ao seu desenvolvimento industrial.

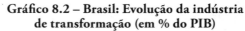

Gráfico 8.2 – Brasil: Evolução da indústria de transformação (em % do PIB)

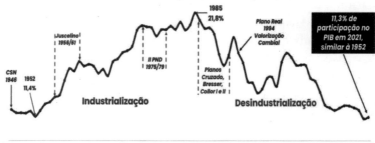

Fonte: IBGE e Fiesp (2022).
Elaboração: Fiesp.

O processo de industrialização brasileiro, que resultou no crescimento da participação da indústria de transformação no PIB, teve como principal ator o Estado. O Estado atuou como articulador de outros capitais (privado nacional e estrangeiro) e como investidor e produtor direto. Sua ação enquanto produtor foi dirigida a setores que se caracterizavam como monopólios naturais, que inexistiam na produção nacional e/ou exigiam um nível de investimento muito alto e com prazo de retorno muito longo, condições que o capital privado nacional não tinha interesse em enfrentar. Os exemplos destacáveis são: os setores da siderurgia, eletricidade, petróleo e minério.

Ao garantir a produção nesses setores estratégicos, a atuação do Estado brasileiro propiciou o fortalecimento e a expansão da indústria junto ao setor privado nacional. Essa interpretação da importância do Estado no desenvolvimento da indústria é comum aos economistas, inclusive entre aqueles que se situam na vertente liberal, que refutam a ideia de que a intervenção estatal ocorrera para competir com o capital privado ou que ela atrapalhara o setor privado. Ao contrário, foi condição para que a indústria se desenvolvesse no país.

A década de 1980 foi marcada pela inflação, crise fiscal e crise da dívida externa. É nesse momento que, em consonância com a crescente influência do neoliberalismo no mundo, tornaram-se significativas as críticas ao Estado e a sua atuação junto à economia.

A partir da década de 1990, as diretrizes preconizadas pelo Consenso de Washington são impostas ao país via Fundo Monetário Internacional (FMI), exigindo ajustes das contas públicas e o afastamento do Estado de seus papéis de intervenção na economia. Além disso, a abrupta abertura comercial, as elevadas taxas de juros e a taxa de câmbio (real/dólar) muito valorizada (todas essas medidas que seguiam o pensamento neoliberal preconizado pelo FMI) afetaram diretamente a indústria de transformação que, de lá para cá, perdeu participação significativa na formação do PIB.

Apesar de o Brasil ter seguido a cartilha do FMI, o investimento privado não aumentou. Segundo alguns, o resultado disso tudo foi a ocorrência de uma desindustrialização *precoce*: diferentes elos das cadeias produtivas foram quebrados e houve aumento significativo da participação de produtos importados. Dessa forma, após alcançar uma participação de 21,8% no PIB em 1985, a indústria de transformação diminuiu para 11,3% do PIB em 2021 (Gráfico 8.2). Segundo outros, processos semelhantes estavam ocorrendo no mundo todo, produto de uma nova divisão do trabalho decorrente da adoção das novas tecnologias, da internacionalização do capital, da reestruturação produtiva e da criação de novas cadeias produtivas. Para isso, concorreu, também, a entrada da China na Organização Mundial do Comércio (OMC), em 2001.

Desde 2015, os níveis de produção da indústria geral foram inferiores aos verificados em 2010, período em que a economia brasileira estava se recuperando da crise internacional do *subprime* de 2008-2009 (Gráfico 8.3). Vários fatores são recorrentemente apresentados pelas empresas e entidades representativas setoriais como causas dessa piora de desempenho e da ausência de competitividade em relação aos produtos importados, sendo muitas vezes referenciados como "Custo Brasil". Fatores como complexidade da estrutura tributária, alta carga tributária, insegurança jurídica, custo e infraestrutura logística, onerosidade do crédito, dentre outros, estão inseridos nesse "Custo Brasil".

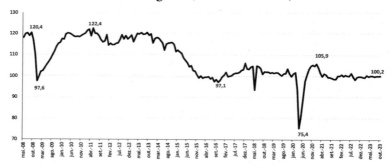

Gráfico 8.3 – Brasil: Evolução do índice da produção física da indústria geral* (Base: 2022 = 100)

Fonte: IBGE, PIM-PF.
Elaboração própria.
(*) Número-índice com ajuste sazonal.

Na realidade, de um lado, há uma piora no desempenho da produção industrial ao longo da última década e, por outro, há um aumento das importações de partes, peças, componentes e mesmo de produtos acabados. Face a esses fatos, o setor produtivo doméstico tanto tem dificuldade para colocar seus produtos no mercado internacional quanto para competir internamente com a presença de produtos importados. É claro que pensar em protecionismo e incentivos só pode ser concebido do ponto de vista estratégico, e não como política recorrente.

A balança comercial (exportações menos importações) da indústria de transformação tem registrado saldo anual negativo desde 2008. Assim, ao longo dos últimos anos, os superávits da balança comercial brasileira (considerando todos os produtos exportados e importados, e não somente da indústria de transformação) estão cada vez mais dependentes das exportações de produtos de menor valor agregado, especialmente aqueles relacionados à agropecuária e à indústria extrativa (Gráfico 8.4).

Gráfico 8.4 – Brasil: Evolução da balança comercial, por segmento (em US$ bilhões FOB), de 2002 a 2022

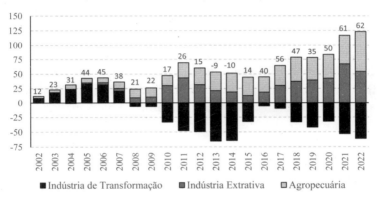

Fonte: MDIC. Elaboração própria.

A continuidade da desindustrialização está aprofundando o processo de reprimarização da estrutura produtiva doméstica orientada para a exportação, tornando-a cada vez mais dependente do desempenho do complexo exportador de *commodities* e de suas cadeias produtivas. Porém, a economia brasileira tem potencial para ter um crescimento robusto nos diferentes setores, como serviços, indústria e agropecuária. Para isso, é preciso aprimorar os fatores-chave relacionados à competitividade sistêmica, o que envolve a integração dos ambientes macro, meso e microeconômico. No ambiente macroeconômico: trata-se das políticas fiscal, monetária e cambial adequadas; no plano chamado de mesoeconômico: infraestrutura de logística, telecomunicação, saneamento, água e energia; políticas regulatórias, concorrenciais e instituições; políticas industrial e comercial; e políticas para educação, inovações, avanços tecnológicos e responsabilidade socioambiental. Finalmente, no ambiente microeconômico: melhorias de gestão e de produtividade, treinamento, inovações e incorporações de avanços tecnológicos, dentre outras.

Apenas com melhorias em termos de competitividade sistêmica o setor produtivo doméstico conseguirá avançar em direção a seu fortalecimento nas cadeias produtivas globais, regionais e locais; na atração de investimentos produtivos e em infraestrutura; na recomposição de elos das cadeias produtivas; na transição energética e no padrão *Environmental, Social and Governance* (ESG). O avanço do setor industrial em direção à integração entre diferentes tecnologias, no âmbito da indústria 4.0, também são aspectos importantes para o aprimoramento da competitividade e produtividade.

O Environmental, Social and Governance (ESG) visa a embasar objetivos e práticas institucionais focadas na responsabilidade ambiental e social e no aprimoramento da governança corporativa. Assim, o ESG foi criado para avaliar e impulsionar organizações, diretrizes estratégicas e medidas institucionais que tenham preocupação com o meio ambiente; com a sua relação com os colaboradores e a sociedade em que atua; e com os acionistas e demais partes interessadas em termos de avanços de *compliance*, transparência, ética, equidade, inclusão e governança corporativa. Já a *indústria 4.0* compreende a integração de tecnologias como robótica, internet das coisas, simulação, cibersegurança, integração de sistemas, computação em nuvens, manufatura aditiva, *big data* e realidade aumentada.

O governo Lula lançou, em 2023, seu programa de reindustrialização do país, o qual tem sido chamado de neoindustrialização. Seu objetivo é fomentar o setor produtivo, agregando novas tecnologias de forma ambientalmente responsável. Esse programa compreende medidas que têm como objetivos:

a) a descarbonização e a transição energética e ecológica, especialmente para o enfrentamento da emergência climática e para a preservação ambiental;
b) os investimentos em novas tecnologias e inovações;
c) o impulsionamento de ações de economia circular;
d) a agenda para inclusão, digitalização e universalização do acesso à internet;
e) a melhoria tecnológica, inovações e produtividade;
f) a agenda socioambiental;
g) o impulsionamento e a criação de melhores condições para investimentos produtivos e em infraestrutura, inclusive social (habitação, saúde, educação, esportes, lazer e cultura).

Para tanto, o governo conta com a atuação do BNDES e do Ministério do Desenvolvimento, Indústria, Comércio e Serviços (MDIC). Completa sua estratégia o lançamento do Novo Programa de Aceleração do Crescimento (Novo PAC), conforme apresentado no capítulo sétimo deste livro, que engloba projetos de investimentos em diferentes eixos e áreas relacionadas à infraestrutura e à neoindustrialização.

O tempo dirá se será possível reverter o processo de reprimarização com a reindustrialização do país, incorporando as tecnologias de ponta e com responsabilidade ambiental.

9. Uma Previdência Social para todos

A Previdência Social brasileira integra a Seguridade Social e está inscrita na Constituição, Artigo 194. Ela é formada por dois regimes: o Regime Geral da Previdência Social (RGPS), voltado aos trabalhadores do setor privado, e pelo Regime Próprio da Previdência Social (RPPS), dos funcionários públicos, todos os dois organizados em regime de repartição simples e financiados por contribuições sociais.

Regime de repartição e de capitalização

Existem dois sistemas de financiamentos previdenciários: por repartição simples e por capitalização. Pelo primeiro, os benefícios são pagos pelas contribuições correntes. Trata-se de um princípio de solidariedade em que as contribuições dos empregados ativos formam os recursos para pagamento dos benefícios dos aposentados. Já o segundo, pressupõe que a contribuição de cada trabalhador pagará os benefícios de sua aposentadoria; para isso as contribuições são aplicadas continuamente no mercado de capitais para a formação do patrimônio necessário para o pagamento da sua aposentadoria, sendo ela proporcional ao patrimônio acumulado ao longo do tempo.

94 Para entender a economia brasileira

Essa proteção é fruto de um longo processo histórico e tinha como fundamento o trabalho assalariado e a ideia de que o país, à medida que se modernizasse, tornaria o trabalho formal a norma da ocupação. O trabalho formal é aquele que garante ao empregado direitos sociais e trabalhistas. No entanto, ao longo do tempo, observou-se que essa premissa da generalização da formalidade não ocorreu e que, ao mesmo tempo, ocorreram mudanças significativas no mercado de trabalho que colocaram em xeque a continuidade da organização e do financiamento da previdência com base na relação salarial e nas contribuições sociais (de empregado e de empregador).

Frente a isso, torna-se imperativo se pensar a construção de uma nova Previdência que assegure esse direito constitucional ao trabalhador.

O nível de cobertura

Em 2019, 84,8% da população ocupada com idade entre 16 e 59 anos tinham algum tipo de cobertura previdenciária, seja pelo RGPS, por regimes próprios, por serem segurados especiais ou beneficiários não contribuintes – isto é, que recebiam benefício assistencial. Em 2021, esse percentual caiu para 81,3%. No entanto, considerando estritamente a cobertura previdenciária, esses percentuais se reduzem para 70,2% e 69,8%, respectivamente. Em contrapartida, evidenciando as limitações da Previdência no país, se considerarmos a população idosa, a cobertura varia muito entre os estados, chegando a registrar percentual de desprotegidos de 23,1% na Bahia e 29,9% no Amazonas, em 2021 (Ministério da Previdência Social, s.d.).

Em dezembro de 2022, 61,2% dos benefícios previdenciários pagos à clientela urbana tinham valor de um a dois salários-mínimos; junto à clientela rural, esse percentual subia para 99,7%. Vale lembrar que o benefício mínimo a ser recebido é o correspondente a um salário-mínimo, independentemente da capacidade de contribuição do segurado. Para se ter uma ideia relativa desses valores, é importante saber que, no mesmo mês, o rendimento médio dos ocupados com trabalho formal era de 2.778,00 reais (o equivalente a 2,29 salários-mínimos) e a média paga pelo RGPS de 1.634,60 reais, isto é, 1,34 salário-mínimo. Esse quadro de cobertura atesta que a construção de uma proteção social fundada na ideia de que o assalariamento formal se ampliaria cada vez mais, tornando-se dominante na relação capital/trabalho à medida que o país se modernizasse e expandisse sua capacidade produtiva foi um equívoco, explicado pela Teoria Marxista da Dependência, entre outras contribuições do pensamento econômico. Além disso, as transformações do mercado de trabalho provocadas pela restruturação produtiva dos anos 1990 e, mais recentemente, pelo avanço da indústria 4.0 e pelo uso de outras aplicações das tecnologias microeletrônicas, além da precarização do trabalho, têm tornado cada vez mais urgente se pensar em fundamentar a proteção social ao risco da velhice em outras bases que não a meritocrática, isto é, que não resulte de aportes prévios.

O mercado de trabalho e suas transformações recentes

A presença de um contingente expressivo de trabalhadores sem direitos (trabalhistas e benefícios sociais), que compõem o que é chamado de mercado informal, sempre foi um traço estrutural do mercado de trabalho no Brasil. Considerando que a carteira de trabalho assinada pelo empregador é o que confere o acesso a esses direitos, principalmente aos trabalhadores do setor privado, um indicador da informalidade é o percentual de trabalhadores que exercem atividade sem carteira assinada.

Na Tabela 9.1, podemos ver a participação dos ocupados por posição na ocupação, em alguns anos, com destaque para os assalariados junto ao setor privado com e sem carteira assinada, nas seis regiões metropolitanas pesquisadas pelo IBGE, mediante a Pesquisa Mensal de Emprego. Já para os funcionários do setor público, apesar de seu vínculo ser regido por estatuto próprio, a

96 Para entender a economia brasileira

contratação via CLT (que define direitos e deveres do trabalhador assalariado do setor privado) é crescente em todo território nacional. Entre 2003 e 2012, a participação dos assalariados com carteira assinada no setor privado, no total dos ocupados, aumentou significativamente.

Tabela 9.1 – Brasil: Distribuição % da população ocupada por posição na ocupação, 2003, 2011 e 2012

Ano	Empregados no setor privado		Empregados por conta própria	Empregadores	Trabalhadores domésticos	Militares ou funcionários públicos estatutários	Empregados no setor público	
	Com carteira assinada	Sem carteira assinada					Com carteira assinada	Sem carteira assinada
2003	39,7	15,5	20,0	5,5	7,6	7,4	1,9	1,5
2011	48,5	11,1	17,9	4,3	6,9	7,6	1,9	1,3
2012	49,2	10,6	17,8	4,5	6,6	7,8	1,9	1,3

Fonte: IBGE: Pesquisa Mensal de Emprego (2003-12).
Elaboração própria.

Nove anos depois (2022), a proporção dos ocupados que tinham 14 anos ou mais de idade em trabalhos formais – abrangendo, portanto, também os que desenvolvem atividades por "conta própria", funcionários públicos e militares, e os regidos pela CLT que atuam no setor público – era de apenas 59,9% do total dos ocupados (IBGE, 2022, Tabela 1.21).

Ao final dos anos 1980 e, principalmente, nos anos 1990, as máquinas, equipamentos e as inovações de toda sorte associadas à Terceira Revolução Industrial começaram a modificar os ambientes de trabalho do país, alterando radicalmente a composição do mercado de trabalho formal, embora seus impactos não tenham ficado restrito a ele. Nesse mercado, duas categorias que se destacaram na retomada das greves sindicais ao final dos anos 1970 e nas lutas pela democratização do país no início dos anos 1980, cuja organização do trabalho se fundava nos princípios tayloristas e fordistas (os metalúrgicos da indústria automobilística e os bancários), em pouco tempo foram palco de enorme redução quantitativa de seus quadros. Atualmente, para se ter uma ideia, a greve perdeu muito de sua efetividade, dado que as operações no sistema produtivo se tornaram muito menos dependentes do trabalho humano.

> **Terceira Revolução Industrial**
> Denomina-se Terceira Revolução Industrial, ou Revolução Técnico-Científica-Informacional, a transformação da produção industrial com avanços associados à incorporação de computadores, robôs, celulares, *chips*, circuitos eletrônicos e *softwares* ao processo produtivo.

Em dez anos, de janeiro de 2014 a abril de 2023, os bancos fecharam 5.716 agências e extinguiram por volta de 70 mil postos de trabalho (Spbancários, 2023). Já a indústria automobilística, quando Lula liderou a greve geral dos metalúrgicos em 1979, empregava 146.976 trabalhadores; em 2002, eles eram somente 91.533, em decorrência da reestruturação produtiva com base na microeletrônica. Em 2019 (antes da pandemia de covid-19, portanto), o total de trabalhadores, apesar de ainda inferior a 1979, havia se expandido e atingiu 125.596. No entanto, se em 1979 foram produzidos 1.071.100 veículos (automóveis, comerciais leves, caminhões e ônibus), em 2019 a produção alcançou 2.944.988 veículos (Anfavea, 2014 e 2021).

Ao mesmo tempo que a Terceira Revolução Industrial modificou o mercado de trabalho (aqui apenas mencionamos o impacto sobre duas categorias de trabalhadores), o avanço do neoliberalismo no país, que culminou com a aprovação da reforma trabalhista em 2017 e a consequente retirada de direitos, provocou precarização do trabalho e surgimento de categorias extremamente exploradas. Esse fenômeno, chamado de "uberização", afeta particularmente as atividades de serviços, mas a elas não se restringem.

É sob esse pano de fundo que o avanço da indústria 4.0 e a utilização da inteligência artificial (IA) está atuando. Como dito por Marques *et al.* (2021, p. 105-106):

> O uso da força de trabalho na produção e circulação das mercadorias está sendo objeto de grande transformação com o avanço da indústria 4.0, da internet das coisas e da inteligência artificial (IA). Esse avanço intensificou-se durante a pandemia, isto é, empresas de todos os tipos aproveitaram-se desse momento para acelerar a incorporação desses novos usos da tecnologia. A potencialidade que essa transformação encerra em termos de poupança do trabalho humano é tal que podemos dizer que a oportunidade de trabalho tende a se restringir a poucos, ficando a imensa maioria de população excluída das atividades organizadas pelo grande capital.

A discussão sobre se os processos de automação resultam ou não em redução do emprego da força de trabalho não é de hoje. Está colocada de forma explícita pelo menos desde o século XIX, quando os trabalhadores ingleses dos ramos de fiação e tecelagem quebraram as máquinas em defesa de seus empregos e de melhores condições de trabalho, no movimento que ficou conhecido como ludismo. De lá para cá, muita coisa aconteceu, modificando profundamente os processos de trabalho.

No século XX, especialmente no período posterior à Segunda Guerra Mundial, vivenciamos a incorporação generalizada dos princípios tayloristas e fordistas tanto na produção como na esfera da circulação. Mas também foi nesse século, como reação ao esgotamento relativo da organização do trabalho fordista, que assistimos à rápida introdução de máquinas e equipamentos com base técnica na microeletrônica nos locais de trabalho, e à adoção do que ficou convencionado chamar de *automação flexível*. Agora, algo novo está ocorrendo. Não vemos um simples aumento do grau de automação dos processos e das atividades. O que se passa não é um mero aumento quantitativo de tecnologia. As mudanças são qualitativas.

A potencialidade decorrente do uso dessas tecnologias garantiria, certamente e por definitivo, prover as necessidades humanas e reduzir substantivamente a jornada de trabalho. Mas esse desenvolvimento tecnológico se dá no quadro do capitalismo, no qual a tecnologia constitui propriedade de poucos e seu uso tem como objetivo a valorização do capital. Por isso, o avanço de produtividade por ele propiciado pode resultar no contrário: no lugar de iniciar a libertação do homem do fardo do trabalho, fazer com que poucos participem do mercado de trabalho e os demais dele sejam excluídos. Não se trata de criar desemprego, e sim de criar exclusão. O desemprego, tal como entendido hoje, constitui, na expressão de Marx, *exército industrial de reserva*, isto é, passivo de ser reincorporado quando a demanda por trabalho aumenta. Nesse cenário, a situação é de outra ordem: caso a aplicação dessas tecnologias revele toda sua potencialidade, haverá uma redução qualitativa da necessidade de força de trabalho.

A urgência da superação da meritocracia e a transição à cidadania

No Brasil, assim como em outros países da América Latina e no Caribe, a experiência de construção de sistemas de repartição financiados com contribuições de empregados e empregadores revelou que em momento algum foi possível incorporar todos aqueles que vivem de seu trabalho, dado o caráter estrutural da informalidade nas economias dependentes. A crença de que o Brasil era o país do futuro, reproduzida nos meios políticos, midiáticos e mesmo na academia, fundava-se na ideia de que basta seguir as políticas econômicas corretas para que esse futuro se materialize, modernizando a totalidade de seu território.

Nessa modernização, estava incluída a generalização das mais avançadas relações entre capital e trabalho, tendo como parâmetro ou referência a sociedade salarial europeia dos 30 anos dourados do período após a Segunda Guerra Mundial (Castel, 1995). A história veio a demonstrar que não só aquelas relações resultaram da convergência de fatores políticos, econômicos e sociais muito circunstanciais (Hobsbawn, 1995), que dificilmente se repetirão, como a inserção do Brasil (e de inúmeros outros países) na divisão internacional do trabalho é dependente e periférica, desenvolvendo-se de forma desigual e combinada, na qual a persistência da informalidade e da elevada exploração da força de trabalho pelo capital são traços estruturais. Disso decorre que a ideia da construção de uma proteção social fundada na relação salarial prenha de direitos era uma ilusão, uma vez que está fadada a ser restrita a apenas uma parcela dos trabalhadores ocupados. Além disso, na própria Europa, depois daqueles 30 anos, passou-se a ser cada vez maior o número de pessoas em situação de desemprego de longa duração ou em trabalho precarizado, com baixa remuneração. Ademais, nos países onde o financiamento da aposentadoria está estruturado com base nas contribuições de empregados e empregadores (calculada sobre salários e massa salarial), os aportes de recursos de impostos já são significativos no total da receita da proteção social.

Em outras palavras, na periferia do sistema, nunca houve adoção generalizada das relações salariais típicas do período do Estado de bem-estar europeu. De maneira similar, as condições do próprio mercado de trabalho nesse continente não são mais as mesmas, dada a interação de vários fatores; entre eles, destacam-se as políticas neoliberais, a perda da iniciativa na luta de classes dos trabalhadores (Chesnais, 2005), a incapacidade de o capitalismo recuperar os níveis de lucratividade anteriores aos anos 1970 (Roberts, 2022) e a restruturação produtiva.

Os processos de modernização associados à indústria 4.0 e à inteligência artificial tendem a modificar radicalmente a incorporação da força de trabalho em suas atividades, gerando massas de excluídos. Frente a isso, persistir na ideia de sistemas que tenham como pressuposto o acesso ao trabalho é mais que um equívoco, é não pensar o futuro. Estamos, no entanto, vivendo uma fase de transição que pode ser longa. Não sabemos em quanto tempo essa mudança radical na relação capital/trabalho vai se manifestar plenamente. Como é próprio dos períodos de transição, as antigas formas dessa relação ainda estão presentes e as novas ainda não são dominantes, mas estão sendo aceleradamente incorporadas junto aos setores mais modernos, oligopolizados e internacionalizados.

Numa situação de transição, não temos dúvida de que o direito à proteção social deva ser fundamentado no princípio da cidadania, o que exigiria ter como forma de financiamento receita de impostos e ser de acesso universal. Caberia à sociedade definir o valor do benefício e as situações em que seu acesso seria cabível. Paralelamente, aqueles que ainda preservam um trabalho formal se manteriam integrados ao sistema contributivo de repartição, e assim poderiam ou não acumular dois benefícios – mas isso estaria na dependência do que a sociedade decidisse sobre as condições de acesso ao benefício fundado na cidadania. Se a hipótese com que estamos trabalhando for verdadeira, haverá cada vez menos trabalhadores formais do tipo que ainda encontramos, o que resultará em dificuldades para o financiamento do sistema contributivo.

Para esse desenho de proteção social ser factível e para que o benefício decorrente da cidadania não seja confundido com valores irrisórios e de caráter assistencial, se faz necessária a presença ativa dos trabalhadores enquanto atores políticos, de modo que logrem a socialização de parte dos ganhos de produtividade que esses novos usos da tecnologia estão anunciando. Isso não é algo banal, pois seria resultado de um novo concerto ou acordo societal.

No Brasil, a introdução do salário-mínimo, a definição da jornada de trabalho, a concessão de férias, a regulamentação do trabalho do menor e da mulher, entre outros dispositivos que deram forma às leis trabalhistas introduzidas por Getúlio Vargas em seu primeiro governo (1930-1945), respondiam claramente aos interesses da indústria nascente, que precisava ter uma oferta de trabalho a sua disposição. Agora, com a deterioração do mercado de trabalho (presença persistente de taxas elevadas de desemprego e precarização do trabalho de segmentos importantes) e com a perspectiva de diminuição da demanda por trabalho decorrente dos novos usos da tecnologia, outras razões precisam ser encontradas. Essas razões são, contudo, de ordem sociológica e política, não econômica.

As mudanças que vivenciamos no mercado de trabalho esgarçam o tecido social e não sabemos até que ponto é possível ser mantida a coesão social. O aumento da desigualdade (de renda, de mobilidade, de acesso às ações e serviços de manutenção e reprodução da vida, sem esquecer das mercadorias ostensivamente anunciadas nos templos do consumo) está acontecendo de forma vertiginosa, abalando a capacidade de manter "a ordem" das democracias mais estabelecidas. Numa situação como essa, somente os mais esclarecidos das classes dominantes entenderão a necessidade de pavimentar a transição ao momento em que o trabalho se tornará escasso de forma absoluta.

Mas, como diz o ditado, somente alguns se darão conta de que é melhor se irem os anéis que os dedos – ideia necessária para que a dominação se mantenha. Assim como no passado, e mesmo hoje, não são poucos os que consideram que o pagamento de um salário-mínimo, por exemplo, encarece os custos da produção; e que cada um deve poupar para garantir uma renda na velhice, se opondo à presença do Estado na organização (e, em alguns casos, no financiamento) da aposentadoria. Apesar das dificuldades, especialmente porque o pensamento neoliberal continua dominante, é preciso haver insistência na necessidade de se pensar a construção de um sistema misto, de transição, no qual coexista a aposentadoria fundada na meritocracia (cujo acesso é garantido mediante prévias contribuições e se apoie na ideia da sociedade do trabalho) e a garantia de uma renda que permita não só o atendimento às necessidades básicas, mas inclusive o acesso à cultura e ao lazer (essa renda teria como princípio a cidadania e seria financiada por impostos).

Para além da questão política ou de interesses que a aplicação dessa ideia envolveria, há, evidentemente, uma série de questões que poderíamos chamar de técnicas. Entre elas: quais seriam os impostos que financiariam a cidadania dessa proteção? Qual o fato gerador desse imposto? Qual o valor dessa renda? Qual a idade para ter acesso a ela? Teriam direito a ela somente aqueles que não integram sistemas de proteção social ou seu acesso seria universal? Essas e outras questões são fundamentais para a implementação de uma proteção cidadã. Elas serão fruto do acordo societal que vier a se estabelecer. Antes disso, porém, é fundamental tornar pauta de discussão a necessidade de que parte dos ganhos de produtividade decorrentes das novas tecnologias seja socializada ao conjunto da população. Mas a isso a resistência não será pouca, pois os ganhos de produtividade são entendidos como de uso privado, e não coletivo, no capitalismo.

10. Financiamento insuficiente do SUS: a universalidade e a qualidade sob ameaça

A formação do SUS, sua legitimidade e o texto constitucional

Em 1988, quando os constituintes introduziram no texto da Constituição que o acesso à saúde seria universal, isto é, um direito de todos, e que ele seria garantido pelo Estado, o Brasil se alinhava aos países que melhor tratavam a questão da saúde no plano mundial, como Inglaterra, Canadá, Espanha, Portugal, Cuba, entre outros. Esses países, em momentos diferentes no tempo, ao concederem livre acesso às ações e aos serviços de saúde, e ao atribuírem ao Estado a responsabilidade por prover essas ações e serviços, reconheciam que a saúde é um direito de todos, independentemente da renda e do lugar que o indivíduo ocupe na sociedade. Disso deriva que somente as entidades públicas são capazes de organizar as atividades de saúde, de modo a cumprir esse preceito.

No Brasil, a criação do Sistema Único de Saúde (SUS) fez parte do reconhecimento da existência de direitos sociais e não pode ser dissociada do processo de redemocratização. Os direitos sociais foram objeto de capítulo específico na Constituição, o da Seguridade Social, simbolizando o rompimento com o passado, ao qual se atribuía uma dívida social enorme. Até a reforma sanitária realizada por

Portugal, em 2005, a do SUS foi considerada a mais bem-sucedida na área da saúde conduzida em um país capitalista democrático, equiparável aos avanços do período pós-Segunda Guerra Mundial, como a implantação do Sistema Nacional de Saúde inglês.

A literatura e a documentação da época da redemocratização do Brasil são unânimes em apontar o papel exercido pelo movimento sanitarista na luta pela universalização das ações e serviços de saúde. Esse movimento se estruturou quando outros movimentos sociais começaram a se rearticular e a fazer parte da vida política do país, ainda durante o período da ditadura militar. Esses movimentos evidenciaram a reorganização da sociedade civil, após muitos anos, que voltou a se fazer presente de forma ativa. É durante o governo do general Ernesto Geisel que estudantes e sindicatos, de diferentes categorias de trabalhadores, retomaram fortemente suas lutas e realizaram greves e manifestações expressivas. Foi no segundo ano da gestão de seu sucessor, o general João Baptista Figueiredo, que se realizou a histórica assembleia dos metalúrgicos no estádio da Vila Euclides, em São Bernardo do Campo, sob a liderança de Luiz Inácio Lula da Silva.

Nesse período, a partir de iniciativas de médicos, acadêmicos e pesquisadores, intensificou-se o debate sobre vários aspectos da saúde do povo brasileiro, do serviço de saúde público e do sistema previdenciário, tendo sido criados muitos grupos de trabalho e realizados inúmeros seminários.[1] Como afirmam Marques e Jansen Ferreira (2023, p. 468):

> Muitas das ideias e concepções assim desenvolvidas foram propostas nas secretarias de saúde em que integrantes do movimento sanitarista estavam presentes. No início dos anos 1980, a questão da descentralização do sistema de saúde já se constituía um tema da

---

[1] É preciso lembrar, ainda, que, no plano organizativo, foi criada a Associação Brasileira de Pós-Graduação em Saúde Coletiva (Abrasco), em 1979, com o apoio dos Departamentos de Medicina Preventiva dos cursos de medicina. Essa instituição se mantém até hoje como referência da luta pela manutenção e fortalecimento do SUS.

10. Financiamento insuficiente do SUS: a universalidade e a qualidade sob ameaça 107

> agenda (Programa Nacional de Serviços Básicos de Saúde, o Prev-Saúde) e, um pouco mais tarde, foi definida a estratégia das Ações Integradas de Saúde, avançando na ideia da gestão compartilhada. Isso é complementado com a criação do Sistema Unificado e Descentralizado de Saúde (SUDS), de modo que a descentralização e a universalização do acesso começaram a ganhar progressiva adesão junto a importantes setores políticos, a começar por governadores e depois por alguns prefeitos. Durante o governo de José Sarney, em especial, já com a democratização do país, lideranças do movimento sanitarista assumiram postos-chave nas instituições responsáveis pela definição e condução da política de saúde. É sob essa influência que foi convocada a 8ª Conferência Nacional de Saúde, em 1986, conferência que definiu as estratégias e a plataforma da Reforma Sanitária que fundamentaram o SUS.

Essa citação, embora longa, resume o processo crescente de afirmação dos princípios balizadores do SUS junto a gestores, pesquisadores e à comunidade diretamente envolvida com a saúde, o que certamente foi fundamental para que ocorresse a inscrição do SUS na Constituição de 1988. Contudo, não se pode afirmar que sua criação tenha tido o respaldo ativo do conjunto das forças democráticas e populares que estavam em movimento naquele momento. Prova disso é que a saúde pública e universal não constituía bandeira dos principais sindicatos, tanto que o acesso a planos de saúde integrava suas pautas de reivindicação no momento das campanhas salariais.

Não é de se estranhar, portanto, que, embora o texto constitucional considere que as instituições privadas de saúde possam participar do sistema de forma complementar, na prática a saúde privada se constitui como concorrente. Além disso, apesar do SUS, foi mantido o abatimento do gasto em saúde no cálculo da renda tributável na declaração do imposto sobre a renda tanto da pessoa física como da jurídica, de modo que o Estado, ao renunciar a essa tributação, continuou a financiar e a incentivar a adesão a planos e seguros de saúde, bem como à saúde privada em geral.

Essa "prática" tem consequências diversas. Em 2015, a renúncia fiscal somente com planos de saúde foi da ordem de 12,5 bilhões de reais, recursos que poderiam ter reforçado o orçamento da atenção primária e dos bens e serviços de média complexidade (Ocké-Reis, 2018). Mas, talvez, mais importante do que isso, é o fato de que a permanência dessa renúncia em nada fortalece o reconhecimento e a legitimidade do SUS junto à chamada classe média e aos assalariados mais bem colocados no mercado formal de trabalho. Ao contrário, atua no sentido de firmar a ideia de que existe um sistema de saúde voltado aos setores de mais baixa renda e outro aos mais favorecidos. O último seria formado pelos planos de saúde e pela saúde privada em geral. Em setembro de 2023, segundo a Agência Nacional de Saúde Suplementar (ANS), os planos privados de assistência médica, com ou sem odontologia, cobriam 26,2% da população brasileira.

O contexto descrito faz com que a sociedade brasileira não considere o SUS "seu patrimônio". Com exceção dos profissionais, pesquisadores, parlamentares e setores mais conscientes de sua importância, a imensa maioria do povo brasileiro tem uma posição passiva em relação a ele. A população tem sido um mero espectador, que não se envolve e não se mobiliza por questões que afetam a manutenção e o futuro das ações e dos serviços prestados pelo sistema público. Isso ocorre apesar de mais de 70% da população ter o SUS como sua única porta de acesso a ações e serviços de saúde, e os demais o usarem eventualmente. Essa percepção da sociedade não se alterou nem mesmo com o reconhecimento de sua importância estratégica na luta contra a pandemia de covid-19. Tudo isso faz com que o sistema público de saúde brasileiro seja, do ponto de vista político e financeiro, "singular", quando comparado aos sistemas públicos e universais dos demais países.

A insuficiência de recursos como marca indelével

Em 2023, completaram-se 35 anos da Constituição de 1988, e 33 anos da Lei 8.080, de 1990, que dispõe sobre o SUS, isto é, das condições para a promoção, proteção e recuperação da saúde,

10. Financiamento insuficiente do SUS: a universalidade e a qualidade sob ameaça

sua organização e o funcionamento dos serviços correspondentes. Durante todo esse tempo, sem desconsiderar os avanços ocorridos, a história do SUS é uma história de insuficiência de recursos, o que impede ou dificulta o pleno cumprimento de seu objetivo. Para se entender o porquê disso, além dos aspectos mencionados anteriormente, é preciso levar em conta que as ideias neoliberais (especialmente com relação à prioridade da busca do equilíbrio entre receitas e despesas, o que os economistas chamam de equilíbrio fiscal) rapidamente receberam guarida entre políticos, economistas e a grande mídia brasileira, de modo que, desde a eleição do primeiro presidente eleito democraticamente, Fernando Collor de Mello, até os dias atuais, o controle do gasto público é considerado prioridade na condição da política macroeconômica, refletindo-se na condução das políticas sociais.

A exceção ocorreu no segundo governo de Luiz Inácio Lula da Silva e no primeiro de Dilma Rousseff, o que não significa que os recursos destinados à saúde pública tenham sido adequados aos propósitos de um sistema universal, especialmente quanto aos aportes da esfera federal. Para se ter uma ideia da dificuldade que levou a situação financeira do SUS a ser considerada como de subfinanciamento, em 2016, levando em conta as três esferas de governo, o gasto público com saúde correspondeu a 3,9% do PIB, enquanto nos países da OCDE a média foi de 6,5% do PIB, e 8% entre os países com sistema similar ao nosso. Ainda mais elucidativo dessa situação de subfinanciamento é o fato de, nesse mesmo ano, o setor público ter sido responsável por apenas 43% dos gastos totais em saúde no Brasil, frente a 73,6% na média dos países da OCDE (OCDE, 2020).

A Tabela 10.1 apresenta dados de 2019 de gastos públicos e privados com saúde, para alguns países selecionados. Nota-se que, para um gasto total com saúde correspondente a 9,6% do PIB, o gasto público continuava em 3,9% do PIB, mas registrando redução da participação do gasto público no total do gasto com saúde para 41%. O Brasil apresentou nesse ano o menor gasto público *per capita* dos países selecionados, com um valor *per capita* muito inferior ao dos demais países relacionados.

Tabela 10.1 – Gasto público e privado em saúde, em países selecionados, 2019

País	Gasto total com saúde em % do PIB	Gasto público em saúde em % do PIB	Gasto privado com saúde em % do PIB	Gasto público em % do gasto	Gasto público com saúde *per capita* (em dólar PPC)
França	11,1	8,3	2,7	75	4.137
Canadá	10,8	7,6	3,2	70	3.874
Reino Unido	10,2	8,1	2,1	79	4.043
Austrália	9,9	7,1	2,8	72	3.795
Brasil	9,6	3,9	5,7	41	610
Portugal	9,5	5,8	3,7	61	2.143
Espanha	9,1	6,4	2,7	71	2.813
Itália	8,7	6,4	2,3	74	2.955

Fonte: OMS. Elaboração própria.

Essa insuficiência de recursos acompanha o SUS até 2017, quando, então, se transforma em desfinanciamento. No Quadro 10.1, é apresentada uma síntese dos principais momentos da luta por recursos para o SUS.

Em dezembro de 2016, já sob o governo de Michel Temer, foi aprovada a Emenda Constitucional 95 (EC95). Essa emenda, conhecida como Teto do Gasto, não tem paralelo junto aos países que introduziram algum tipo de contenção do gasto público (Marques, Rodrigues, 2016). Ela congelou as despesas federais por 20 anos, nelas incluindo os gastos sociais e dela excluindo o serviço da dívida pública. O não paralelismo se deve à duração de sua aplicação, ao fato de sujeitar os gastos sociais ao mesmo procedimento que os demais, por não incluir ou impor limites ao serviço da dívida e por inscrever o novo regime fiscal na Constituição e não em leis ordinárias, conforme discutido no terceiro capítulo deste livro.

10. Financiamento insuficiente do SUS: a universalidade e a qualidade sob ameaça   111

Quadro 10.1 – SUS: a luta por recursos

Anos	Previsto no orçamento	O que aconteceu	A reação - o início do processo
1993 1997 2012	destinação de 15% da receita de contribuição de empregados e empregadores	Os recursos não foram repassados para a saúde. Foi necessário que o governo decretasse calamidade pública e o Ministério da Saúde realizasse empréstimo junto ao Fundo de Amparo ao Trabalhador	**Criação** de amplo movimento para garantir mínimos de recursos para o SUS. **Integrantes:** parlamentares de diferentes espectros ideológicos e partidos organizados no que veio a ser chamado de Frente Parlamentar da Saúde, acadêmicos e pesquisadores da área, servidores do MS e das demais esferas de governo, servidores dos tribunais de contas, entre outros participantes. **Resultado:** municípios deveriam alocar o mínimo de 12% de sua receita disponível; estados e distrito federal, 15%. A União, por sua vez, valor não inferior ao montante empenhado no ano anterior, acrescido da variação do PIB. Embora isso conste da Emenda Constitucional 29, de 2007, seu conteúdo só foi regulamentado em 2012, com a Lei Complementar 141. Nessa lei, também foram definidos o que são gastos do SUS.
2015			A EC 29 e a LC 141 resultaram em avanços, mas a condição de subfinanciamento não foi superada. Por conta disso, em 2013 teve origem um movimento, cuja campanha ficou conhecida como Saúde + 10, para que os recursos oriundos do governo federal para a saúde passasse a ser definido como o equivalente a 10% da receita corrente bruta. Ao final, em 2015 foi aprovada a Emenda Constitucional 66, que definiu percentuais escalonados no tempo, mas sobre a receita corrente líquida, começando com 13,2% em 2016 e terminando com 15% em 2020.

Fonte: Elaboração própria.

Desde o afastamento de Dilma Rousseff, mesmo antes de seu *impeachment*, a orientação neoliberal com relação ao gasto público, especialmente o gasto social, havia se revelado sem subterfúgios entre os governantes de plantão, na maioria do Congresso Nacional e junto à grande mídia – que nunca deixou de fazer uma verdadeira cruzada contra o gasto público, mesmo durante os governos Lula e Dilma.

Fruto de negociação quando da aprovação da EC95, a saúde não teve seus recursos congelados aos valores de 2016. Em vez disso, foi considerado que eles teriam como piso os 15% da receita corrente líquida (RCL), de modo que, em tese, haveria aumento de recursos em relação a 2016. Esse percentual estava previsto para ser aplicado somente em 2020. Mas, durante o ano, o Ministério da Saúde aumentou significativamente a rubrica "despesas empenhadas" sem que houvesse sua liquidação e pagamento, isto é, sem que isso resultasse em ações e serviços (Santos e Funcia, 2020). No ano seguinte, tanto o piso como o valor efetivamente aplicado em ações e serviços de saúde registraram queda, tanto em termos reais *per capita* quanto em percentual da Receita Corrente Líquida (RCL). O subfinanciamento (insuficiência de recursos) havia se transformado em desfinanciamento (redução dos recursos). Segundo Santos e Funcia (2020), a saúde pública perdeu 17,6 bilhões de reais em recursos no acumulado de 2018 e 2019. Já no acumulado de 2018 a 2022, a perda foi de 70 bilhões de reais (Ocké-Reis *et al.*, 2023)

É nesse contexto de financiamento do SUS que se inicia a pandemia de covid-19. Em 2020, como em outros países, o governo aportou recursos extraordinários para dar conta tanto da emergência sanitária como para fazer frente às necessidades advindas das crises econômica e social decorrentes da paralisação parcial das atividades e dos novos hábitos de sociabilidade impostos pela pandemia. Segundo o Fundo Monetário Internacional (FMI, s.d.), o Brasil alocou recursos da ordem de 8,3% do PIB. No caso da saúde, houve um aporte suplementar de 67,46 bilhões de reais ao orçamento de 138,96 bilhões de reais, embora nem tudo tenha sido efetivamente gasto. Em 2021, o volume suplementar de recursos já foi bem menor e, em 2022, só restou a aplicação simples da EC95.

O financiamento do SUS no terceiro governo Lula

No primeiro ano do terceiro governo Lula (2023), a situação financeira do SUS não se alterou de forma substancial. Ao contrário do que era esperado pelos setores comprometidos com a saúde pública, o novo "arcabouço fiscal", que substituiu a Emenda Constitucional 95, não assegurou em 2023 a aplicação dos 15% sobre a RCL. Isso porque, em 23 de novembro, os mais importantes jornais do país informavam que o Tribunal de Contas da União (TCU) havia autorizado, por unanimidade, que o Executivo somente teria que respeitar o piso mínimo constitucional (os 15% sobre a RCL) em 2024. Desse modo, o SUS teve uma perda de 20 bilhões de reais, que se somaram às perdas ocorridas desde 2018. A decisão do TCU foi resultado de consulta feita pela área técnica do Ministério da Fazenda e teve o apoio do Ministério Público. Essa decisão concede um certo alívio ao governo que, para atingir a meta de resultado fiscal para 2023, tem se valido do contingenciamento de gastos em diversas áreas.

A reforma fiscal aprovada pelo governo Lula substituiu o congelamento dos gastos, mas com pequeno grau de flexibilidade na evolução das despesas (nunca inferior a 0,6% a.a. e nunca superior a 2,5% a.a.). Como a saúde e a educação têm garantia constitucional de recursos mínimos vinculados às receitas governamentais, restringe-se a margem de manobra para haver ampliação das despesas em outras áreas. Decorrente disso, é cada vez mais frequente o surgimento de propostas para que essas vinculações sejam revisadas. O mecanismo e as limitações da nova regra fiscal são objeto do terceiro capítulo deste livro.

Em relação à disponibilização de recursos adequados e condizentes com a universalidade constitucionalmente proposta para o

SUS, é preocupante que a nova regra fiscal continue a ter como referência, tal como a EC 95, o equilíbrio das contas públicas, e não as necessidades da sociedade. Como se vê, no contexto aqui apresentado, o financiamento necessário ao SUS está longe de ser garantido, correndo-se sério risco de ser cada vez mais reduzido.

Referências

ASSOCIAÇÃO NACIONAL DOS FABRICANTES DE VEÍCULOS AUTOMOTORES (ANFAVEA). *Anuário da Indústria Automobilística Brasileira*. São Paulo: ANFAVEA, 2014. Disponível em: https://anfavea.com.br/anuario2014/Vers%C3%A3o%20final_completo.pdf. Acesso em: 1 jul. 2023.

ASSOCIAÇÃO NACIONAL DOS FABRICANTES DE VEÍCULOS AUTOMOTORES (ANFAVEA). *Anuário da Indústria Automobilística Brasileira*. São Paulo: ANFAVEA, 2021. Disponível em: https://anfavea.com.br/anuario2021/anuario.pdf. Acesso em: 1 jul. 2023.

ASSUNÇÃO, M. G., DEPIERI, M. "Os efeitos do desenvolvimento do agronegócio no Brasil: os casos do MATOPIBA e do Centro-Oeste Brasileiro". *Revista Pesquisa e Debate*, São Paulo, v. 33, n. 2 (60), 2021. Disponível em: https://revistas.pucsp.br/index.php/rpe/article/view/59995. Acesso em: 10 mai. de 2022.

BANCO CENTRAL DO BRASIL (BCB). Disponível em: www.bcb.gov.br/. Acesso em: 10 maio de 2023.

BANCO NACIONAL DE DESENVOLVIMENTO ECONÔMICO E SOCIAL (BNDES). Disponível em: www.bndes.gov.br/wps/portal/site/home. Acesso em: 2 maio 2023.

BRASIL. PRESIDÊNCIA DA REPÚBLICA. CASA CIVIL. *Novo PAC*. Disponível em: www.gov.br/casacivil/novopac. Acesso em: 8 jan. 2024.

CÂMARA DOS DEPUTADOS. *PEC da Transição é promulgada pelo Congresso*. Disponível em: www.camara.leg.br/noticias/931149-pec-da-transicao-e-promulgada-pelo-congresso/. Acesso em: 3 dez. 2023.

CASTEL, R. *Les metamorphoses de la question sociale*: une chronique du salariat. Paris: Fayard, 1995.

CASTRO, A., SOUZA, F. *A economia brasileira em marcha forçada*. Rio de Janeiro: Paz e Terra, 1985.

CEIC DATA. *Dados: países*. Sem data. Disponível em: www.ceicdata.com/pt/countries. Acesso em: 8 jan. 2024.

CHESNAIS, F. "O capital portador de juros: acumulação, internacionalização, efeitos econômicos e políticos". *In:* CHESNAIS, F. (org.) *A finança mundializada: raízes sociais e políticas, configurações, consequências.* São Paulo: Boitempo, 2005.

CENSO AGROPECUÁRIO 2017. *Censo Agro 2017:* resultados definitivos. Disponível em: https://censos.ibge.gov.br/agro/2017/templates/censo_agro/resultadosagro/index.html. Acesso em: 2 out. 2021.

CENSO AGROPECUÁRIO 2006. *Censo agropecuário 2006:* segunda apuração. Disponível em: https://sidra.ibge.gov.br/pesquisa/censo-agropecuario/censo-agropecuario-2006/segunda-apuracao. Acesso em: 2 out. 2021.

CENTRAL ÚNICA DOS TRABALHADORES (CUT). "Trabalho sem carteira assinada bateu recorde no último ano do governo de Bolsonaro". *Redação CUT.* 28 fev. 2023. Disponível em: www.cut.org.br/noticias/trabalho-sem-carteira-assinada-bateu-recorde-no-ultimo-ano-do-governo-de-bolsona-e405. Acesso em: 14 maio 2023.

DEPARTAMENTO INTERSINDICAL DE ESTATÍSTICA E ESTUDOS SOCIOECONÔMICOS (DIEESE). "Aumento do salário-mínimo, produtividade, inflação, desemprego e informalidade: quebrando alguns mitos". *Nota especial sobre o salário-mínimo,* 2023. Disponível em: www.dieese.org.br/outraspublicacoes/2023/notaEspecialSM_2_042023.pdf?fbclid=IwAR0pbQZ6dkwNNevyAoXaHwRjCgU1TcvD36e6wQ41xc7CQ7QLxesaEHGYFdc. Acesso em: 1 dez. 2023.

DEPARTAMENTO INTERSINDICAL DE ESTATÍSTICA E ESTUDOS SOCIOECONÔMICOS (DIEESE). "A Reforma Trabalhista e os impactos para as relações de trabalho no Brasil". *Nota técnica número 178.* Maio, 2017. Disponível em: www.dieese.org.br/notatecnica/2017/notaTec178reformaTrabalhista.html. Acesso em: 14 mai. 2023.

FEDERAÇÃO DAS INDÚSTRIAS DO ESTADO DE SÃO PAULO (FIESP). *Custo Brasil na Indústria de Transformação.* Jul., 2022. Disponível em: https://sitefiespstorage.blob.core.windows.net/uploads/2022/09/file-20220908123252-custo-brasil-na-industria-de-transformacao-aprese.pdf. Acesso em: 08 jan. 2024.

FUNDO MONETÁRIO INTERNACIONAL (FMI). *Fiscal Monitor.* Sem data. Disponível em: www.imf.org/external/datamapper/datasets/FM. Acesso em: 2 nov. 2020.

FORD, H. *Minha Vida.* São Paulo: Editora Monteiro Lobato, 1925.

FUNDAÇÃO DE PROTEÇÃO E DEFESA DO CONSUMIDOR (PROCON-SP). *Pesquisa de taxas de juros: pessoa física empréstimo pessoal e cheque especial.* Set., 2023.

NÚCLEO DE INTELIGÊNCIA E PESQUISAS (EPDC). *Procon-SP,* 11 set. 23. Disponível em: www.procon.sp.gov.br/wp-content/uploads/2023/09/RTTXJUROS09.23-p1.pdf. Acesso em: 8 jan. 2024.

HADICH, C. "São 100 mil famílias em acampamentos, muitas há 10 anos debaixo da lona: MST cobra ações do governo Lula no Abril Vermelho". *Portal MST,* 10 abr. 2023. Disponível em: https://mst.org.br/2023/04/10/sao-100-mil-familias-em-acampamentos-muitas-ha-10-anos-debaixo-da-lona-mst-cobra-acoes-do-governo-lula-no-abril-vermelho/. Acesso em: 10 mai. 2023.

HOBSBAWM, E. *Era dos extremos:* o breve século XX 1914/1991. São Paulo: Companhia das Letras, 1995.

INSTITUTO DE ESTUDOS PARA DESENVOLVIMENTO INDUSTRIAL (IEDI). "Crescimento sustentado, juros e câmbio". *Apresentação do Instituto de Estudos de Desenvolvimento Industrial.* 6 agosto 2023. Disponível em: https://iedi.org.br/anexos_legado/4cfe53e30f043993.pdf. Acesso em: 9 mai. 2023.

Referências **117**

INSTITUTO BRASILEIRO DE GEOGRAFIA E ESTATÍTICA (IBGE). *IPCA Índice Nacional de Preços ao Consumidor Amplo.* Nov. 2023. Disponível em: www.ibge. gov.br/estatisticas/economicas/precos-e-custos/9256-indice-nacional-de-precos-ao--consumidor-amplo.html?=&t=conceitos-e-metodos. Acesso em: 11 mai. 2023.

INSTITUTO BRASILEIRO DE GEOGRAFIA E ESTATÍSTICA (IBGE). "Síntese de Indicadores Sociais". *Estrutura Econômica e Mercado de Trabalho,* 2022. Tabela 1.21. Disponível em: www.ibge.gov.br/estatisticas/sociais/populacao/9221-sintese--de-indicadores-sociais.html?edicao=35616&t=resultados. Acesso em: 1 jul. 2023.

INSTITUTO BRASILEIRO DE GEOGRAFIA E ESTATÍSTICA (IBGE). *Contas nacionais.* Sem data. Disponível em: www.ibge.gov.br/estatisticas/economicas/contas--nacionais.html. Acesso em: 11 maio 2023.

INSTITUTO BRASILEIRO DE GEOGRAFIA E ESTATÍSTICA (IBGE). *POF: Pesquisa de Orçamentos Familiares.* Sem data. Disponível em: www.ibge.gov.br/estatisticas/ sociais/saude/24786-pesquisa-de-orcamentos-familiares-2.html. Acesso em: 11 maio 2023.

INSTITUTO BRASILEIRO DE GEOGRAFIA E ESTATÍSTICA (IBGE). *Pesquisa Nacional por Amostra de Domicílios Contínua (PNAD Contínua).* Disponível em: www. ibge.gov.br/estatisticas/sociais/trabalho/9173-pesquisa-nacional-por-amostra-de-domi-cilios-continua-trimestral.html?=&t=series-historicas&utm_source=landing&utm_ medium=explica&utm_campaign=desemprego Acesso em: 14 dez. 2022.

INSTITUTO BRASILEIRO DE GEOGRAFIA E ESTATÍSTICA (IBGE). *Pesquisa Industrial Mensal: Produção Física (PIM-PF).* Disponível em: www.ibge.gov.br/esta-tisticas/economicas/industria/9294-pesquisa-industrial-mensal-producao-fisica-brasil. html?edicao=38217. Acesso em: 14 dez. 2022.

INSTITUTO BRASILEIRO DE GEOGRAFIA E ESTATÍSTICA (IBGE). "O que é o desemprego?" *Portal IBGE*: Desemprego. Sem data. Disponível em: www.ibge.gov. br/explica/desemprego.php. Acesso em: 13 nov. 2023.

INSTITUTO BRASILEIRO DE GEOGRAFIA E ESTATÍSTICA (IBGE). *Pesquisa Mensal de Emprego.* Disponível em: https://sidra.ibge.gov.br/pesquisa/pme/tabelas/ total-das-areas/fevereiro-2016. Acesso em: 1 jul. 2023.

INSTITUTO DE PESQUISA ECONÔMICA APLICADA DATA (IPEADATA). Dispo-nível em: www.ipeadata.gov.br. Acesso em: 8 jan. 2024.

INSTITUTO PROPAGUE. "Entenda o endividamento das famílias no Brasil e nos países do BRICS". *Portal Instituto Propague,* 26 abr. 2023. Disponível em: https://instituto-propague.org/credito-e-banking/entenda-o-endividamento-das-familias-no-brasil-e--nos-paises-do-brics. Acesso em: 8 jan. 2024.

KEMP, T. "Ascensão da Alemanha industrial". *In: A revolução industrial da Europa no século XIX.* Lisboa: Edições 70, 1985.

MADDISON, A. *Monitoring de World Economy:* 1820-1992. Paris: Development Centre/ OCDE, 1995.

MAMPAEY, L., SERFATI, C. "Os grupos armamentistas e os mercados financeiros: rumo a um compromisso 'guerra sem limites'?" *In:* CHESNAIS, F. (org.) *A Finança Mun-dializada.* São Paulo: Boitempo, 2005.

MARQUES, R. M. "Neoliberalismo, financeirização e o papel da dívida pública. Entre-vista concedida a Marcelo Depieri para o Caderno A grande fraude: dívida, FMI e Neoliberalismo". *Coleção Debates Estratégicos de Nuestra América, do Observatório da*

118 Para entender a economia brasileira

América Latina e do Caribe (OBSAL), do Instituto Tricontinental de Pesquisa Social, 2021. Disponível em: https://thetricontinental.org/wp-content/uploads/2022/07/20220624_Cuaderno-FMI_PT.pdf. Acesso em: 15 nov. 2023.

MARQUES, R. M., JANSEN FERREIRA, M. R. "O financiamento do SUS no enfrentamento da pandemia de covid-19". *Revista de Economia Política*, São Paulo, v. 43, n. 2, p. 465-79, abr.-jun., 2023. Disponível em: www.scielo.br/j/rep/a/9cxF8wsr3PHBdxWyyJyc37D/abstract/?lang=pt. Acesso em: 25 nov. 2023.

MARQUES, R. M., LEITE, M. G., BERWIG, S. E., DEPIERI, M. A. L. *Pandemias, Crises e Capitalismo*. 1ª edição. São Paulo: Expressão Popular, 2021.

MARQUES, R. M., RODRIGUES, P. "Democracia burguesa e dominância do capital portador de juros: apontamentos sobre processos em curso no Brasil". *O Olho da História*, Bahia, v. 24, p. 1-9, 2016. Disponível em: www.cetri.be/Democracia-burguesa--e-dominancia?lang=fr. Acesso em: 26 nov. 2023.

MARQUETTI, A., MALDONADO FILHO, E., MIEBACH, A. e MORRONNE, H. "Uma interpretação da economia brasileira a partir da taxa de lucro: 1950-2020". *Revista de Economia Política*, São Paulo, v. 43, n. 2, p. 309-34, abr.-jun., 2023. Disponível em: www.scielo.br/j/rep/a/tGvJrQKr4qmNnsMth5LR3BB/. Acesso em: 8 jan. 2024.

MINISTÉRIO DO DESENVOLVIMENTO, INDÚSTRIA, COMÉRCIO E SERVIÇOS – MDIC. *Balança comercial e estatística de comércio exterior*. Disponível em: www.gov.br/mdic/pt-br/assuntos/comercio-exterior/estatisticas. Acesso em: 6 jun. 2023.

MINISTÉRIO DA PREVIDÊNCIA SOCIAL. *Cobertura da Previdência*. Sem data. Disponível em: www.gov.br/previdencia/pt-br/assuntos/previdencia-social/paineis-estatisticos/panorama-da-previdencia/cobertura-da-previdencia. Acesso em: 6 jun. 2023.

PIRES, M. "Investimentos Públicos: 1947-2021". *Observatório de Política Fiscal (FGV IBRE)*, 25 abr. 2022. Disponível em: https://observatorio-politica-fiscal.ibre.fgv.br/series-historicas/investimentos-publicos/investimentos-publicos-1947-2021. Acesso em: 8 jan. 2024.

OCKÉ-REIS, C. O.; BENEVIDES, R.; FUNCIA, F.; MELO, M. *Evolução do piso federal em saúde*: 2013-2020. Nota técnica 109. Brasília, DF: Ipea, out. 2023. Disponível em: https://repositorio.ipea.gov.br/bitstream/11058/12482/1/NT_109_Disoc_Evolucao.pdf. Acesso em: 8 jan. 2024.

OCKÉ-REIS, C. O. "Sustentabilidade do SUS e renúncia de arrecadação fiscal em saúde". *Ciência & Saúde Coletiva*, Rio de Janeiro, v. 23, n. 6, jun. 2018. Disponível em: www.cienciaesaudecoletiva.com.br/artigos/sustentabilidade-do-sus-e-renuncia-de--arrecadacao-fiscal-em-saude/16701. Acesso em: 25 nov. 2023.

ORGANIZAÇÃO PARA COOPERAÇÃO E DESENVOLVIMENTO (OCDE). *General Statistics*. Disponível em: https://stats.oecd.org/. Acesso em: 15 jun. 2023.

ORGANIZAÇÃO PARA COOPERAÇÃO E DESENVOLVIMENTO (OCDE). *Health Statistics*, 2020. Disponível em: http://stats.oecd.org/Index.aspx?DataSetCode=SHA. Acesso em: 8 jan. 2024.

ORGANIZAÇÃO PARA COOPERAÇÃO E DESENVOLVIMENTO (OCDE). *Foreign Direct Investment Statistics*: Data, Analysis and Forecasts. Sem data. Disponível em: https://www.oecd.org/investment/statistics.htm. Acesso em: 8 jan. 2024.

PINTO, E. C. "Nova República (1985-1989): transição democrática, crise da dívida externa, inflação, luta pela apropriação da renda e fim do desenvolvimentismo". *In:* ARAÚJO,

V. L., MATTOS, F. A. M. *A economia brasileira de Getúlio à Dilma.* 1ª ed. São Paulo: Hucitec, 2021.

ROBERTS, M. "A world rate of profit: important new evidence". *Michael Roberts Blog*, 2022. Disponível em: https://thenextrecession.wordpress.com/2022/01/22/a-world--rate-of-profit-important-new-evidence/. Acesso em: 21 mai. 2023.

ROBERTS, M. La tasa de ganancia mundial: nuevas evidencias importantes. *Rebelión*, 2022. Disponível em: https://rebelion.org/la-tasa-de-ganancia-mundial-nuevas-evidencias--importantes/. Acesso em: 16 abr. 2022.

SAES, F. A. M., SAES, A. M. *História Econômica Geral.* Editora Saraiva: São Paulo, 2013.

SANTOS, L., FUNCIA, F. Histórico do financiamento do SUS: Evidências jurídico--orçamentárias do desinteresse governamental federal sobre a garantia do direito fundamental à saúde. *Domingueira*, n. 21, maio, 2020. Disponível em: http://idisa. org.br/domingueira/domingueira-n-21-maio-2020?lang=pt. Acesso em: 23 jul. 2020.

SINDICATO DOS BANCÁRIOS (SPBANCÁRIOS). "Setor bancário eliminou 70 mil empregos e fechou mais de 5 mil agências em 10 anos". *Redação Spbancarios*, com informações do Estadão. 07 jun. 2023. Disponível em: https://spbancarios.com. br/06/2023/setor-bancario-eliminou-70-mil-empregos-e-fechou-mais-de-5-mil--agencias-em-10-anos. Acesso em: 08 jan. 2024.

SOUTO MAIOR, J. L. De novo a falácia da redução de direitos trabalhistas. *Blog José Souto Maior*, 22 maio 2016. Disponível em: www.jorgesoutomaior.com/blog/de-novo-a--falacia-da-reducao-de-direitos-trabalhistas. Acesso em: 14 nov. 2023.

STEDILE, J. P. Reforma agrária marcou progresso dos EUA. *Rede Brasil Atual*, 01 mar. 2020. Disponível em: www.redebrasilatual.com.br/economia/reforma-agraria-capitalismo--eua/. Acesso em: 10 maio 2023.

UNITED NATIONS DEVELOPMENT PROGRAMME (UNPD). "Uncertain times, unsettled lives: shaping our future in a transforming world". *Human Development Report 2021/2022*. Nova York, NY (EUA), 2022. Disponível em: https://hdr.undp. org/system/files/documents/global-report-document/hdr2021-22pdf_1.pdf. Acesso em: 09 maio 2023.

VEIGA, J. E. "Fundamentos do agro-reformismo". *Revista Lua Nova*, n. 23, mar. 1991. Disponível em: www.scielo.br/j/ln/a/nczZjwtNN55DgGTjz8ySzZM/?lang=pt&for mat=pdf. Acesso em: 10 maio 2023.

Sobre os autores

Rosa Maria Marques
Economista, possui doutorado em Economia. É professora titular de economia e coordenadora do PPG em Economia Política da Pontifícia Universidade Católica de São Paulo (PUCSP, São Paulo, Brasil). E-mail: rosamkmarques@gmail.com. Orcid: https://orcid.org/0000-0002-5624-0885

Marcel Guedes Leite
Economista, possui doutorado em Economia de Empresas. É professor assistente doutor da Pontifícia Universidade Católica de São Paulo (PUCSP, São Paulo, Brasil). E-mail: magle@uol.com.br Orcid: https://orcid.org/0000-0001-9305-9703

Marcelo Álvares de Lima Depieri
Economista, possui doutorado em Ciências Sociais. É pesquisador do Instituto Tricontinental de Pesquisa Social e professor titular de economia da Universidade Paulista (Unip, São Paulo, Brasil). E-mail: cellodepieri@gmail.com. Orcid: http://orcid.org/0000-0002-2175-2098?lang=en

André Paiva Ramos
Economista e doutorando em Economia na Universidade de Brasília (UnB, Brasília, Brasil), campus Universitário Darcy Ribeiro, Faculdade de Economia, Administração, Contabilidade e Gestão de Políticas Públicas (FACE), Brasília-DF. E-mail: paivaramos.andre@gmail.com Orcid: https://orcid.org/0009-0009-6165-4183